JN028552

入門行政法

正木宏長
板垣勝彦
横田明美
海道俊明

AN INTRODUCTION TO ADMINISTRATIVE LAW

MASAKI HIROTAKE
ITAGAKI KATSUHIKO
YOKOTA AKEMI
KAIDO TOSHIAKI

有斐閣

は し が き

　本書は 2 単位ないし 4 単位で行政法の全範囲をカバーする学部での講義を想定して執筆された行政法のテキストである。

　本書の執筆に際しては，通説的立場を基軸とするが，各著者の独自の立場を示すことも厭わない方針とした。法学のテキストは，一方で現在の通説判例の到達点を示しつつも，他方で読者が学界の先端の議論にふれる入り口となるべきであるとの考えによる。

　本書では，読者が内容を整理しやすくするために，本文に窓見出しを設けることを徹底し，周辺的な事柄についてはコラムを設けた。なお，判例については最低限の言及に留めている。本書を用いての学習に当たっては，『行政判例百選 I・II』，『行政法判例 50！』（いずれも有斐閣）のような判例集で，判例を適宜参照してほしい。

　書籍編集部（当時）の中野亜樹氏から，新しい行政法テキストの企画について話をいただいたのは 2 年前のことだった。その間，担当編集が学習書編集部の小室穂乃佳氏，渡邉和哲氏に交替したが，計 6 回のオンラインや対面での著者会合を経て，おおむね当初の予定通りに刊行することができた。各氏の編集作業に対して厚く御礼申し上げる。本書の 4 名の共著者のうち，3 名は法科大学院を経由した研究者である。法科大学院世代の研究者が執筆したテキストがいかなるものを示し得たかは読者の判断を仰ぎたい。

　本書第 2 編の執筆に際して，山本隆司教授（東京大学）のウェブサイトに所収の教材を参考にした。謝辞として記す。

　2023 年 10 月

共著者を代表して　正 木 宏 長

著者紹介

正木宏長　第2編2〜6章執筆
（まさき ひろたけ）

現　職　立命館大学法学部教授

主　著　『行政法と官僚制』（成文堂，2013年）

リチャード・J・ピアース・Jr.『アメリカ行政法』（単訳，勁草書房，2017年）

ジェームズ・サルズマン゠バートン・H・トンプソン Jr.『現代アメリカ環境法』（編訳，尚学社，2022年）

読者の方へ　この本が行政法学習の第一歩になれば幸いです。

板垣勝彦　第1編第1〜5章，第2編第1章執筆
（いたがき かつひこ）

現　職　横浜国立大学大学院国際社会科学研究院教授

主　著　『公務員をめざす人に贈る　行政法教科書〔第2版〕』（法律文化社，2023年）

『自治体職員のための　ようこそ地方自治法〔第3版〕』（第一法規，2020年）

読者の方へ　抽象的でとっつきにくい行政法，理解の早道は具体例を用いて学習することです。本書を何度も繰り返し読み，あきらめずに頑張ってください。

横田 明美　第3編第1〜2章執筆

現　職　　明治大学法学部教授

主　著　　『義務付け訴訟の機能』（弘文堂，2017年）

　　　　　『カフェパウゼで法学を 対話で見つける〈学び方〉』（弘文堂，2018年）

　　　　　『コロナ危機と立法・行政　ドイツ感染症予防法の多段改正から』（弘文堂，2022年）

読者の方へ　行政法は，身近な暮らしと社会の動かし方に関する法分野です。いろいろな場面への広がりやつながりを意識して，楽しんで学んでください！

海道 俊明　第3編第3〜4章，コラム3-5執筆

現　職　　関西大学大学院法務研究科准教授

主　著　　『精読行政法判例』（共編著，弘文堂，2023年）

　　　　　ジェームズ・サルズマン゠バートン・H・トンプソンJr.『現代アメリカ環境法』（共訳，尚学社，2022年）

読者の方へ　行政法は，実は，日常生活に関わるとても身近な法律です。本書が，行政法を好きになるきっかけになってほしいと願っています。

目　次

第1編　行政法の基本原則・行政組織法の基礎

第2編　行政過程論

第3編　行政救済法

コラム

第3編　行政救済法

凡　例

1　内容現在

　本書の内容は，令和5年7月1日までに公布された法令の内容に拠った。公布された法令は，未施行であってもすべて織り込んでいる。(例えば，令和7年6月までに施行される予定の刑法等の一部を改正する法律〔令和4年法律第67号〕により，懲役・禁錮は拘禁刑とされるが，本書ではすべて拘禁刑とした)。

2　法令名略語

条文の引用に際しては，法令名は原則として有斐閣『六法全書』の「法令名略語」を用いた。主な法令等の略語は以下の通りである。本文中などでこれらと別の略語も用いた場合には下記に(　　)で示した。

感染症予防	感染症の予防及び感染症の患者に対する医療に関する法律
行　審	行政不服審査法
行政(機関)情報公開	行政機関の保有する情報の公開に関する法律
行　訴	行政事件訴訟法
行　組	国家行政組織法
行　手	行政手続法
刑	刑法
警　職	警察官職務執行法
景表法	不当景品類及び不当表示防止法
憲	日本国憲法
建　基	建築基準法
公益通報	公益通報者保護法
公　選	公職選挙法
公文書管理	公文書等の管理に関する法律
国土利用	国土利用計画法
国　賠	国家賠償法

個人情報（保護）	個人情報の保護に関する法律
裁	裁判所法
自　園	自然公園法
自　治	地方自治法
住民台帳	住民基本台帳法
収　用	土地収用法
所　税	所得税法
精　神	精神保健及び精神障害者福祉に関する法律
税　徴	国税徴収法
税　通	国税通則法
接　種	予防接種法
代　執	行政代執行法
地　公	地方公務員法
地　税	地方税法
道　交	道路交通法
都　計	都市計画法
独禁（独占禁止）	私的独占の禁止及び公正取引の確保に関する法律
廃棄物（処理）	廃棄物の処理及び清掃に関する法律
番　号	行政手続における特定の個人を識別するための番号の利用等に関する法律
風俗（営業取締）	風俗営業等の規制及び業務の適正化等に関する法律
墓　地	墓地，埋葬等に関する法律
補助金（適正化）	補助金等に係る予算の執行の適正化に関する法律
民	民法
薬　機	医薬品，医療機器等の品質，有効性及び安全性の確保等に関する法律

3　判例略語

最大判（決）…………最高裁判所大法廷判決（決定）
最判（決）……………最高裁判所判決（決定）
高判（決）……………高等裁判所判決（決定）
地判（決）……………地方裁判所判決（決定）

4　判例集・判例雑誌略語

民（刑）集……最高裁判所民事（刑事）判例集

行集…………行政事件裁判例集

判時…………判例時報

訟月…………訟務月報

判タ…………判例タイムズ

判例自治……判例地方自治

賃社…………賃金と社会保障

5　文献等略語

本書で引用・参照する書籍については，以下の略語を用いることとした。

芦部＝高橋補訂・憲法	芦部信喜著 高橋和之補訂『憲法〔第 8 版〕』（岩波書店，2023 年）
阿部・行政法解釈学 I	阿部泰隆『行政法解釈学 I』（有斐閣，2008 年）
板垣・保障行政	板垣勝彦『保障行政の法理論』（弘文堂，2013 年）
宇賀・概説 I	宇賀克也『行政法概説 I〔第 8 版〕』（有斐閣，2023 年）
宇賀・概説 II	宇賀克也『行政法概説 II〔第 7 版〕』（有斐閣，2021 年）
大橋・行政法 I	大橋洋一『行政法 I　現代行政過程論〔第 5 版〕』（有斐閣，2023 年）
金子・租税法	金子宏『租税法〔第 24 版〕』（弘文堂，2021 年）
小早川・行政法上	小早川光郎『行政法　上』（弘文堂，1999 年）
塩野・行政法 I	塩野宏『行政法 I〔第 6 版〕』（有斐閣，2015 年）
塩野・行政法 II	塩野宏『行政法 II〔第 6 版〕』（有斐閣，2019 年）
塩野・行政法 III	塩野宏『行政法 III〔第 5 版〕』（有斐閣，2021 年）
芝池・総論	芝池義一『行政法総論講義〔第 4 版補訂版〕』（有斐閣，2006 年）
芝池・救済法	芝池義一『行政救済法』（有斐閣，2022 年）
田中・行政法上巻	田中二郎『新版　行政法　上巻〔全訂第 2 版〕』（弘文堂，1974 年）
横田・義務付け訴訟	横田明美『義務付け訴訟の機能』（弘文堂，2017 年）

6 本書共通のタイプ図

行政法で問題となる紛争類型について，下記のように４つのタイプに分類
した。本文中で，**タイプ１〜４**と示す場合は，下記図を参照いただきたい。

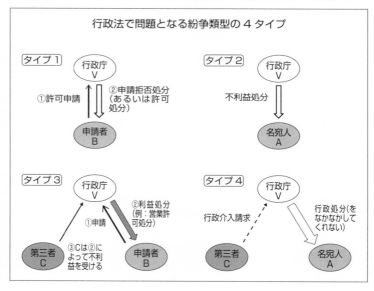

7 ウェブサポート

本書刊行後の法改正等に対応し，補遺を作成し掲載する
ことがある。

適宜確認されたい。

https://www.yuhikaku.co.jp/books/detail/9784641228566

第 *1* 編

行政法の基本原則・
行政組織法の基礎

第 *1* 章

行政法の存在理由

> 　行政法について理解するためには，その前提として，そもそも行政
> は何のために存在しており，なぜ行政活動を法的にコントロールする
> 必要があるのかについて，簡単に理解しておく必要がある。行政の存
> 在理由として最も重要なのは，人々の「安心・安全」を確保すること
> である。しかし，「安心・安全」を確保するための規制であっても，
> 度を越すと，私人の権利を不必要に侵害することに繋がりかねない。
> 不必要な侵害が起きないための知恵として生まれたのが，法的ルール
> によって，行政の活動をコントロールするという発想なのである。

| 行政法とは |

行政法とは，国や地方公共団体の活動（行
政活動）が法律に則って行われているか，
チェックする法律の分野である。

　他の法律科目とは異なって，「行政法」という法典があるわけで
はなく，取り扱う対象は，行政手続法，行政不服審査法，行政事件
訴訟法，国家賠償法など，多くの行政活動に共通する事項を定める
法律群（通則法）と，建築基準法，都市計画法，食品衛生法，生活
保護法，廃棄物処理法など，個別領域ごとに行政活動を規律する法
律群（個別法）へと分かれる。行政法の学習は，通則法の理解を基
本線に置きながら，必要な限度で個別法にも触れるという形で進め
られることが通常である。

| 行政の存在理由 |

原始時代のように，人々が散らばって狩猟・採集生活に勤しんでいる限りにおいては，法律も行政も必要はない。文明が始まり，特に都市において集団生活を始めたとき，治安の維持やインフラの供給のために，行政活動を実施する必要が生じた。したがって，古今東西，君主制や共和制といった政治体制の如何を問わず，行政の活動は存在する。

　とりわけ重要なのが，紛争の未然防止と人々の「安心・安全」の確保である。人々の「安心・安全」を守るための規制のことを，講学上，警察規制と呼ぶ（ここで「警察」とは，警察官の行う治安維持に限らず，食品の衛生や建築の安全を確保する活動を幅広く含む概念なので，注意してほしい）。また，「安心・安全」のような国民全体が享受する利益のことを，「公益」，「公共の利益」，「公共の福祉」と呼ぶ。

　無許可でレストランを開店して営業すれば処罰されるということは，法律を専門にしていなくとも，常識であろう（食品衛生55条1項・82条1項）。飲食店を開くためには，都道府県知事の許可が必要である。しかし，この世の中に行政が存在しないとすれば，レストランを開店することも自由になるはずである。

　ところが，店主が好き勝手に営業を行っても良いこととすると，必ず，店によって衛生管理にばらつきが生まれる。真夏の暑い時期に冷蔵もしないで食材を提供するレストランでは，しばしば，食中毒事故が発生するだろう。このとき，行政が存在しない世の中では，どのような解決になるだろうか。

　まず，食中毒で入院して50万円の費用がかかった客は，あとから店主に対して，入院費用，仕事ができなかった分の逸失利益，慰謝料について，不法行為に基づく損害賠償を請求することになる（民709条）。当事者間の交渉（場合によっては裁判）を通じて損害賠

償金 50 万円を店主から得ることができれば，少なくとも金銭的には埋め合わせがなされる。マクロ的にみても，衛生管理が不十分なレストランはやがて悪評が広まり，市場競争において淘汰されていくから，行政が規制する必要はないように思えなくもない。

　しかし，この解決策には様々な難点がある。第一は，必ず誰かが当該レストランの衛生管理を図るための実験台になる必要がある点である。入院して回復すれば良いが，命を失ったのでは元も子もない。第二は，当事者間の解決に委ねるには，時間もお金もかかるし，その過程で紛争が避けられないという点である。負担に耐えられない客は，泣き寝入りするしかないのだろうか。そして第三が，市場競争による淘汰に任せると，それまでに要する期間と犠牲が予測できないという根本的な問題である。

　こうした難点を一挙に解決できる方法がある。それは，まず全員に対して許可なくレストランを営業することを禁止しておき，行政によって的確な衛生管理が確認できた店主にのみ，営業許可を与える制度（許可制）を導入することである。許可制の導入は，紛争の未然防止が図られるとともに人々の「安心・安全」も確保できる，一挙両得のアイデアといえよう。自動車について無免許運転が禁止されるのも（道交 64 条 1 項・84 条 1 項），耐震強度が確保できない建築物の建築が認められないのも（建基 6 条 1 項 8 項），許可制のメカニズムで理解される。警察規制は，行政に課せられた最も古く，最低限の，しかし最も重要な役割なのである。

> 行政を法的にコント
> ロールする理由

次なる問題は，そのような意図で行われる行政活動を，なぜ法的にコントロールする必要があるのかということである。この辺りの発想は憲法学と同じであり，権力は放っておくと必ず腐敗する

という，「権力への懐疑」が根底にある。

　食品安全にせよ，交通安全にせよ，建築物の安全にせよ，何か事故が起きた際，再発防止の対策としてすぐに思い浮かぶのは，規制の強化，厳罰化である。そこで，食中毒事故を起こした店主に対し，一罰百戒の精神で，即，営業許可を取り消すとか（行政上の措置），あるいは拘禁刑を科すことにすれば（刑事上の制裁），品質管理が厳格になり，世の中から食中毒事故が消えるといえないだろうか。

　しかし，こうした解決策はあまりにも短絡的である。店主にも営業の自由（憲22条1項）があり，軽微な事故に対し営業許可を取り消すというのは，規制の手法としてやり過ぎというものであろう。そして，こうしたことが続けば，費用対効果が合わなくなり，高いハードルを乗り越えてまでレストランを開業しようという人がいなくなってしまう。多彩な料理をおいしく味わうというのも，重要な公益である。あまりに規制が厳格化した状況は，公益にとっても望ましいとはいえない。

　このように，行政による規制は，度を越すと，私人の権利を不必要に侵害することに繋がりかねない。不必要な侵害が起きないための知恵として生まれたのが，法的ルールによって，行政の活動をコントロールするという発想であった。特に，国会が制定した法律は，国民の代表である国会議員が集まって制定したものなので，一定の要件下では国民自身が権利の制限に服することを自ら同意したということができる。行政活動を法律のコントロールの下に置くことが，私人の権利の不必要な侵害を防ぎつつ，公益を確保する手段であると考えられるようになったのである。

コラム 1-1　成文法と不文法

　法として行政活動に適用されるものは成文法と不文法に分けられる。文書の形で制定されていない不文法には慣習法や判例法などがあるが，行政法においては文書の形で制定される成文法が重視される。これを成文法中心主義と呼ぶ。

　成文法は憲法を頂点に上位から，条約，法律（国会が定める。憲 41 条・59 条），政令（内閣が定める。同法 73 条 6 号），内閣府令および省令（前者は内閣総理大臣が，後者は各省大臣が定める。内閣府 7 条 3 項，行組 12 条 1 項），規則（委員会，各庁長官が定める。行組 13 条 1 項）の順の階層構造となっている。

　また，地方公共団体が定める条例（自治 14 条）や長が定める規則（同法 15 条）も成文法として重要である。

コラム 1-2　委任条例と自主条例

　地方公共団体が定める条例の中には，○○法施行条例というような名称で，法律の委任に基づいて地域での当該法律に係る具体的規制基準などを定めているものがある。委任条例と呼ばれるものであり，法律の委任無しに地方公共団体が独自に定める自主条例と区別される。

　委任条例について，当該法律の委任の範囲を超えた規律を行うことは許されない（憲 94 条，自治 14 条 1 項）。具体的には，法律と行政基準（→第 2 編第 2 章 1）と同じような基準で判断されることになる。

　自主条例もやはり法律に違反してはならないが（憲 94 条，自治 14 条 1 項），その許容性は，法律と規制の対象事項が重なり合うか，規制目的を同じくするか，法律が「地方の実情」に照らして別段の規制を施すことを容認しているかといった事情を考慮した上で判断される（最大判昭和 50・9・10 刑集 29 巻 8 号 489 頁〔徳島市公安条例判決〕）。また，地方公共団体の判断で，法律の委任に基づくことなく特定の法律に関して独自の基準を定める執行条例と呼ばれるものもある。

第2章

「行政」概念と行政活動のあり方

　　行政法は行政活動を法的にコントロールするための法領域である。したがって，その時々の行政であるとか，行政活動のあり方に強く影響を受ける。市民革命の直後は，再び国王権力が肥大化することがないように，夜警国家観の下で，行政は警察活動だけをしていれば良いと考えられていた。したがって，法的コントロールも，規制行政がもっぱら念頭に置かれており，自由権的基本権が重視された。20世紀に入ると，社会における格差を是正する目的から，給付行政が考察の対象として加わるようになり，社会権的基本権が声高に唱えられるようになった。21世紀の現在，行政権の肥大化を抑制しつつ，他方で市場経済のコントロールや自然災害や感染症といった未知のリスクへの対応のために，行政権はいかにあるべきか，再考を迫られている。

| 「行政」概念 |
憲法65条は，「行政権は，内閣に属する」と定める。しかし，立法（憲41条）が，「一般的・抽象的な法規範を定立する作用」，司法（憲76条1項）が「具体的な争訟について，法を適用し，宣言することによって，これを裁定する作用」というように積極的に定義されてきたのに対し，「行政」の意味内容はそれほど明確ではない。

　　通説である控除説では，「行政」とは，すべての国家作用のうちから立法作用と司法作用を除いた残りの作用として，消極的に理解

される。控除説は，国王の包括的な支配権からまず立法権が分離し，さらに司法権が分離して行政権が残ったという歴史的な経緯にも合致しており，「行政」という領域の懐の深さをある意味で表現しているが，定義としては消極的に過ぎる（芦部 = 高橋補訂・憲法）。

　戦後の行政法学説をリードした田中二郎は，「行政」概念を，「法の下に法の規制を受けながら，国家目的の積極的な実現をめざして行われる全体として統一性をもった継続的な形成的活動」として積極的に定義した（田中・行政法上巻）。しかし，この試みに対しては，必ずしも現代の多様な行政活動のすべてを捉え切れていないという批判が強く，通説的地位を獲得するには至らなかった。

　それでは，現代の多様な行政活動はどのような形をとっているのだろうか。古典的な分類から現在の考え方まで，幅広くみていくことにしよう。

夜警国家観と規制行政

行政活動のあり方は，その時代ごとの国家観に左右される。近代ヨーロッパでは，17〜18世紀の市民革命の後，国王権力を制限するための原理として**立憲主義**が発達してきた。その過程において，国王権力から議会が立法権を奪い，裁判所の司法権が独立した。国王の手元に残ったのが，行政権である（控除説）。そのようにして，モンテスキューが言うような，3つの権力がお互いに抑制と均衡を働かせる権力分立の構造が成立した。

　社会契約説における国家の存在意義は，国民を「万人の万人に対する闘争」（ホッブズ）から保護することにある。国民から集めた税金により統治機構を運用して国民の生命・身体を守ることが，国家（行政権）に期待される最低限の要請になる。しかし，多くの血を流した市民革命が終わったばかりの時代には，再び国王権力が肥大化

することは忌避された。

　19世紀の主流を占めたのは，国王に残った行政権は，治安維持など必要最低限の活動だけをしていれば良いという考え方であった。このような国家観を，**夜警国家観**と呼ぶ。夜警国家観の下では，国家の役割は，徴税権，警察権，軍事・外交権などに限定された。こうした活動は，公共の利益のために市民の自由を制限するという性質を持つものであり，**規制行政**（侵害行政，警察行政）と称される。憲法においては，国家が不必要に市民の自由に介入しすぎていないかをチェックするための，自由権的基本権が重視された。

> 社会国家政策と
> 給付行政

夜警国家観においては，国家が市民の自由に介入することを警戒するあまり，社会に存在する貧富の格差から目を背けるという弊害が生じた。アダム・スミスに代表されるように，市場経済に対する介入も極力控えるべきであって，自然の摂理に委ねておけば，需要と供給が自ずから均衡に達すると考えられていた。

　ところが，20世紀に入ると，私的自治・契約自由を絶対視することが，社会における格差を放置・助長しているとの懸念が強まるとともに，ケインズが言うように，長引く不況から脱出するために有効需要を喚起するなどして景気をコントロールすることも，国家の役割と考えられるようになった。こうした問題意識から，社会における格差を是正する目的で，私的自治・契約自由の原則を修正する労働法，経済法（独占禁止法），消費者法などの法規制が施されるようになった。さらに，社会保障（社会保険，社会福祉，公的扶助）を念頭に，**給付行政**の占める割合が，国家において飛躍的に拡大した。給付行政には，交通，水道やエネルギーといったインフラ供給に関係する公企業と呼ばれる形態も含まれる。

　こうした一連の動きを社会国家政策と呼び，国家の役割は増大の一途を辿った。憲法では，市民が国家に対して給付を要求する社会権的基本権が声高に唱えられるようになった。

　　　　　　　　　　　　　20 世紀の終わりになると，社会国家政策
　　保障国家　　　　　　　によって肥大した国家の役割が様々な弊害を招いていること（行政国家現象）が，各国で認識されるようになった。1970 年代から 80 年代にかけて，財政難と長期の不況に直面した西欧諸国では，こぞって公企業の民営化による国家のスリム化が目指されるとともに，民間委託の積極活用が図られた。その一方で，社会保障だけではなく，市場経済のコントロール，自然災害や感染症といった未知のリスクに対応するために，国家に期待される役割はさらに拡大しているということもできる。

　ある程度社会が成熟した先進諸国の国家像を整理すると，①「小さな政府」を志向して，国家の役割は最低限にとどめるべきという「低福祉・低負担」のアングロサクソン型の自由市場主義（近年の新自由主義），②その対極にある「高福祉・高負担」の北欧型（20 世紀末に頓挫したソ連型とは異なる社会主義の型），③そのいずれにも属さない「中福祉・中負担」の諸国（修正資本主義。自由市場主義と社会主義の混合型。フランスやドイツ？）へと分類される。日本は，①と②のいずれでもないことは確かなので，③に当てはまることになろう。

　行財政規模の拡大を抑えつつ，未知のリスクにも対処していかなければならないという③「中福祉・中負担」型の国家の目指すべき方向性についてヒントを与えるのが，ドイツの**保障国家論**である。保障国家論とは，民営化・民間委託によって国家のスリム化が進んでいった後であっても，国家行政には社会保障やインフラ供給において守るべき最低限度の水準（ナショナル・ミニマム）を確保する役

割が残されているという考え方を指す。

　保障国家論の特徴は，それまでの規制行政や給付行政の枠組みでは把握しきれなかった調達行政や誘導行政も，市場経済を制御するための手法として，正面から考慮に入れる点にある。調達行政とは，行政活動に用いる物資を売買契約によって入手したり，庁舎・道路の建設工事を請負契約によって発注するといった活動であり，財政規模や市場経済への影響に比して，従来の行政法学ではそれほど重要視されてこなかった。誘導行政とは，補助金交付や減税措置，行政指導や情報提供などを通じて，市場経済の方向性を行政にとって望ましい方向へと誘導する一連の活動であるが，これについても，従来の行政法学はあまり注目していなかった。

　保障国家論においては，行政はまず計画を定立して（行政計画），市場経済の枠組みを構築する。この枠組みからはみ出す悪質な事業者に対しては，規制行政の手法を用いて強制的な規制を及ぼす（ここまでは，規制行政の理論で把握することができる）。しかし，市場経済の枠組みの中で活動する事業者に対しても，公企業，調達行政，誘導行政の手段を用いて，行政にとって望ましい方向へと制御を行う局面を想定し，その法的コントロールのあり方を探るのが，保障国家の理論の新規性である（板垣・保障行政）。

　予測不能なリスクに対処しなければならない現代国家に対し，あまりに過剰な役割を期待することは，限られた行政資源の有効活用が求められる現状からみて，非現実的と思われる。行財政のスリム化を目指すとともに，民間の知見やノウハウの積極活用を図る保障国家論は，その1つの対処法といえよう。行政資源を本当に取り組まなければいけない課題に絞って集中的に投下していくための理論と実践を構築することが，21世紀の行政法学の課題である。

第3章

法律による行政の原理

> あらゆる行政活動は法律に従って（法律のコントロールを受けて）行われなければならず，法律に違反してはならないという原則のことを，「法律による行政の原理（法治国原理）」という。「法律による行政の原理」は，①国民の権利を制限したり，国民に対して義務を課すことは，「法律」という名の規範を用いなければできないという「法律の法規創造力」，②あらゆる行政活動よりも，国会の制定する法律が優位するという「法律の優位」，③行政がある活動を行おうとするときには法律の根拠が必要であるという「法律の留保」へと分かれる。

1 総 説

　あらゆる行政活動は法律に従って（法律のコントロールを受けて）行われなければならず，法律に違反してはならないという原則のことを，「**法律による行政の原理（法治国原理）**」という。もともとは国王と議会との間の権力争いから生まれた考え方であるが，歴史的な経緯はともかく，現代の民主主義国家における「法律による行政の原理」は，行政権が権限を恣意的に行使して国民の権利を損なうことのないように，①国民代表である議会の制定した法律によって行政の活動をコントロールすること，②行政権が法律を遵守しているか否かについては裁判所の判断を仰ぐことを，その内容とする。

「法律による行政の原理」は，法律の法規創造力，法律の優位，法律の留保に分かれる。

2　法律の法規創造力

法律の法規創造力
とは

法律の法規創造力とは，国民の権利を制限したり，国民に対して義務を課すことは，「法律」という名の規範を用いなければできないという考え方である。この文脈における「法規（Rechtssatz）」には特別な意味があり，「国民の権利を制限したり国民に対して義務を課すことのできる規範」のことを指す。つまり，「法律の法規創造力」とは，「法規」は「法律」という法形式によってのみ体現することができるという意味なのである。

憲法 41 条は，国会こそ，この「法律」という法形式を制定できる唯一の立法機関であると定める。言い換えれば，国民の代表である国会が，公共の福祉（公共の利益，公益）を守るために，国民自身の自由を縛るものとして制定したからこそ，「法律」は，国民の権利を制限し，国民に義務を課す「法規」を創造することが許されるという事理である。そこには，人の自由を拘束することができるのはその人の自由意思による同意のみであるという，自由主義の理念が表れている。

しかし，実際には，法律では一般的・抽象的な規律しか行われておらず，具体的な規律は行政の定立する政令・省令（行政基準）に任せている局面が少なくない。こうした立法技術を，**委任命令**と呼ぶ。法律が具体的な規律を政令・省令に丸投げするという白紙委任が許されないのは，法律の法規創造力を潜脱するからである。

13

3　法律の優位

法律の優位とは

法律の優位とは，あらゆる行政活動よりも，国会の制定する法律が優位するという考え方である。法律に違反する行政活動は，効力を有しない。行政活動には，法律行為としての行政行為（処分，行政処分），行政契約，行政計画があり，事実行為としての権力的事実行為，行政指導，通知などがある。さらに，行政の定立する法規範（政令，省令，通達，告示といった行政基準）も，法律に違反した場合は効力を有しない。

ただし，行政行為に関しては，その効力を失わせるための取消訴訟という特別の訴訟形式が用意されており，取消訴訟の請求認容判決を取得しなければ，裁判所であっても，その効力を無いものとして扱うことはできない（取消訴訟の排他的管轄）。

コラム 1-3　憲法と行政法

法律よりもさらに優先順位が高いのが憲法である。言うまでもなく，行政活動は，憲法に違反してもいけない。このことと関連して，憲法学と行政法学の関係について一言しておこう。行政法学は，国会の制定した法律はひとまず正しい（誤りはない）という前提で話が進んでいく。着眼点は，行政活動が法律に適合しているかに限られるので，至ってシンプルである。これに対して，憲法学は，そもそも前提となる法律が間違っているかもしれないという視点に立つ，応用的な学問である。国民の代表である国会において議決される以上，大抵の場合，法律の内容が国民の権利を不必要に制約するということは起こらないのだが，多数決で決めることなので，少数者の権利が侵害されることは可能性として起こり得る。学習を進めるうえでは，憲法と行政法が相互補完関係にあることを意識すると，理解が深まる。

---

4 法律の留保

法律の留保とは　行政がある活動を行おうとするときに法律の根拠が必要であるという場合，その活動の正当化根拠は「法律に留保されている」と表現する。補助金を給付する活動には法律の根拠が必要であるというなら，補助金給付の正当化根拠は「法律に留保されている」ことになる。このように，ある活動の正当化根拠として法律が必要となる場合（法律の根拠がなければその活動を行うことができない場合）を表現するのが「**法律の留保**」の原理である。いかなる範囲で法律の留保を求めるかについては，以下のような様々な説がある。

侵害留保説　かつての通説であり，現在でも行政実務でかなりの重みを持っているのが，侵害留保説である。**侵害留保説**は，私人の権利を制限し，または私人に義務を課す行為（これを「侵害行為」という）には，法律の根拠が必要であり，その場合にのみ法律の根拠を必要とすると考える説であって，法律の法規創造力と表裏をなす。罪刑法定主義（憲 31 条）や租税法律主義（同法 84 条）の発想も，侵害留保説と根底において同じである。

　地方公共団体の条例を制定するには，住民の代表である議会を通す必要があることから，法律と同じような効力を有するとされる。地方自治法 14 条 2 項が，「普通地方公共団体は，義務を課し，又は権利を制限するには，法令に特別の定めがある場合を除くほか，条例によらなければならない」と規定するのは，こうした考え方の表れである（条例の留保）。

　侵害留保説は，シンプルで理解しやすく，法律で制定すべき事項（法律事項）が明確であることから，すべての出発点に立つ。実際，

他の学説も，侵害行為について法律の根拠が必要であるという点では一致している。その一方で，社会福祉サービスのような侵害行為以外の比重が大きくなった現在では，侵害留保説では行政活動を的確にコントロールすることができないという批判が向けられている。

> 社会留保説

そこで提唱されたのが，法律の留保の範囲を社会国家活動まで広げようという社会留保説である。社会留保説では，生活保護の受給決定や補助金の交付決定だけでなく，給付行政のサービス提供の側面にまで，法律の根拠が必要と考える。実に鋭い着想ではあったのだが，多様な社会国家活動のすべてに法律の根拠を必要としていたのでは行政の機動性を害するという批判が向けられた。

> 権力留保説

生活保護の受給決定や補助金の交付決定のような，行政の権力的な判断を伴う活動にも法律の留保の範囲を広げようというのが，権力留保説である。例えば，生活保護の受給決定は，行政が一方的に判断を行う点では権力的といえるものの，私人に利益を付与する行為であるため侵害行為には該当せず，侵害留保説では法律の根拠を要しない。こうした活動にも法律の根拠を要求すべきという問題意識が，権力留保説の出発点である。しかし，権力を創出することができるのは法律だけであり，権力留保説は同語反復にすぎないという根本的な批判がある（阿部・行政法解釈学Ⅰ）。

> 全部留保説

侵害留保説の対極にあるのが，行政活動にはすべて法律の根拠が必要だとする全部留保説である。全部留保説は，法律による行政活動のコントロールを貫くという意味では理想的にみえる説であるが，すべての行政活動に法律の根拠を要するとすると，現実問題として臨機応変な行政活

動の需要に対応できないことのほか，あらゆる事象を想定して法律を制定するのは不可能であることから，あくまで理念にとどまる。

重要事項留保説
（本質性理論）

行政活動として重要なものには法律の根拠が必要であると考えるのが重要事項留保説（本質性理論）である。重要事項留保説では，私人の権利・義務に直接の影響を及ぼすわけではない組織規範であっても，国や地方公共団体の根本をなす重要なものについては法律の根拠が必要であると考えるなど，その示唆するところは多い。重要事項留保説は一定程度実務に影響を与えているが，やはり何をもって重要か否か（法律の根拠を要するか否か）を判断するかについて，明確な判断基準がないのが弱点である。

コラム 1-4　法律の内容を問わない？

「法律の留保」は，ドイツ公法学に起源を持つ。ただし，高校の公民の教科書では，「法律の留保」と形式的法治国原理を関連付けた説明が散見される。この説明では，「法律の留保」とは，議会が制定した法律の根拠さえあれば，権利の制限や義務の賦課が自由に許されるという考え方であるとされ，肝心の法律の内容を問わないため，ナチス・ドイツの人権侵害を防ぐことができなかったなどと語られる。

しかし，法律の根拠が形式的にありさえすれば良く，その内容を問わないというのは形式的法治国原理の考え方であって，ドイツでも日本でも，戦前への深い反省から，とうの昔に克服された考え方である。

本書を含めて，現在の行政法学が念頭に置くのは，実質的法治国原理に立脚した「法律の留保」原理である。実質的法治国原理とは，形式的に法律の根拠があれば良いというのではなく，その法律の内容の「正しさ」まで求める考え方であって，アングロサクソンの「法の支配」の考え方に近い。

コラム 1-5　浦安町ヨット係留杭強制撤去事件

　昭和 55（1980）年 6 月，千葉県浦安町（現在の浦安市）の町長は，緊急の必要から，漁港に打ち込まれていたヨット係留用の鉄杭を強制撤去した。ところが，浦安町は当時，漁港法（平成 13 年法律 92 号による題名改正前のもの）に基づく漁港管理規程を制定しておらず，強制撤去を行う法律上の根拠を欠いていた。つまり，当該撤去行為は，法律の根拠のない即時強制（→第 2 編第 4 章 3）であった。当該撤去^{⇒120頁}行為のために町長が業者と請負契約を締結して職員に時間外勤務を命じ，請負代金と時間外勤務手当を支出したことは財務会計上違法であるとして，住民訴訟（自治 242 条の 2 第 1 項旧 4 号）が提起された。

　最判平成 3・3・8 民集 45 巻 3 号 164 頁は，町長が漁港の管理者として鉄杭の撤去を強行したことは漁港法の規定に違反しており，行政代執行法に基づく代執行としての適法性を肯定する余地はないとしながらも，事故・危難が生じた場合の不都合・損失を考慮すれば，むしろ町長による鉄杭撤去の強行は「やむを得ない適切な措置であった」と評価すべきであり，緊急避難（民 720 条）の法意に照らしても，鉄杭撤去の費用支出に財務会計上の違法は認められないとした。

　侵害留保説からは，法律の根拠がない以上，町長の行為が代執行として適法と評価される余地はないとされたことが重要である。しかし，財産的価値に乏しい鉄杭を抜いただけであるから，被侵害利益は重大であったとは言えず，撤去作業は船舶事故を回避するために緊急を要するものであったこと，施設所有者が不法占拠していたことなどを参酌すると，損害賠償を基礎付けるだけの違法性は備わっていなかったとして，判例の結論に賛成する見解が多い。

第4章

行政法の基本原則

行政法全体に共通する基本原則として，①行政による権限の行使（手段）は，行政目的を達成するために必要な範囲でのみ許されるという「比例原則」，②行政が合理的な理由なくして国民を差別的に取り扱うことは許されないという「平等原則」，③行政権の行使は，濫用にわたってはいけないという「権利濫用禁止の原則」，そして，④「行政法における信義則」がある。ただし，抽象的に基本原則だけを取り上げても理解するのは難しいので，行政行為のような個別・具体的な事例と結び付けて学習するのが理解の早道である。

1　比 例 原 則

比例原則とは

比例原則というのは，行政による権限の行使（手段）は，行政目的を達成するために必要な範囲でのみ許されるという原則である。もともと，達成すべき目的と行使する手段との間に均衡が取れて（比例して）いなければならないという意味であって，比例原則と称される。警察行政を主に念頭に置いて，警察比例の原則と呼ぶ場合もある。

比例原則が働く局面として典型的なのは，行政行為の効果裁量である（→第2編第1章2(3)）。⇒40頁しかし，それに限らず，即時強制のような権力的事実行為の行使においても，達成すべき目的と執られる

手段との間には均衡が取れていなければならないし，不利益処分の根拠ないし基準となるべき政省令や処分基準の策定（行政基準）においても，原因事実と予定される処分の範囲との間に均衡が取れていることは必須である。行政契約においても，相手方の契約違反の程度に応じて解除権が制約されることは起こり得る。このように，比例原則はあらゆる行政活動に共通する原則ということができる。

　さらにいえば，国会による法律の制定においても，規制目的とその手段とは比例していなければならず，憲法学では，違憲審査基準論との関係で多くの議論がある。

コラム 1-6　過剰禁止と過少禁止

　伝統的には，比例原則は，規制行政における不利益処分や権力的事実行為の行使を念頭に置いて，行政権の過剰な行使を制約するための法理として通用してきた（過剰禁止）。ただし，近年では，規制権限の不行使の違法（→第 3 編第 4 章 1(1)(b)）⇒244頁 が問われる局面を念頭に，行政が権限を行使すべきであるにもかかわらずこれを怠っているというような局面においても，裁量権の逸脱・濫用を認める考え方が有力となっている（最判平成 16・4・27 民集 58 巻 4 号 1032 頁〔筑豊じん肺事件〕，最判平成 16・10・15 民集 58 巻 7 号 1802 頁〔水俣病関西訴訟事件〕）。これは，軽い違反に対し重い処分を下すことはもちろんのこと，重い違反に対し軽い処分で済ませることも許されないという意味での比例原則への違反（過少禁止）であって，行政には適時・適切な処分を行う義務が課せられているということである。また，給付行政においても，相手方に対する給付が過剰であっても，反対に過少であってもいけないという意味で，比例原則は問題となり得る。限られた行政資源を有効適切に活用する法理として（自治 2 条 14 項参照），比例原則を再構築する必要があるかもしれない。

2　平 等 原 則

> 平等原則とは

平等原則とは，行政が，合理的な理由なくして国民を差別的に取り扱うことは許されないという原則であり，憲法14条1項に由来する。公の施設の利用許可（自治244条3項）のように明文化されている場合もあり，この場合，市立公民館の一室を会議で使いたいから使用許可を申請してきたAとBに対して，Aには許可を下したのに，Bは不許可とするようなことは，合理的な理由がなければ許されない。

　もちろん，「合理的な理由」の内容は様々であって，会議室は1つしかないのに，同じ時間帯にA・B両氏が申請してきたようなときは，早い者勝ちにするか，抽選にするか，申請書の中に使用理由を記載させて，より公益性の高い方に使用させるといったやり方がある。ただし，使用理由を審査して判断するという方式では，何をもって「公益性が高い」と判断するか，基準を立てるのに困難を極めるだろう。

　平等原則も，行政基準，行政行為，行政契約，権力的事実行為を問わず，行政活動に共通する原則である。また，国会による法律の制定も，平等原則に違反することは許されない。

3　権利濫用禁止の原則

> 権利の濫用とは

行政権の行使は濫用にわたってはならない。不正な動機に基づいて行われた行政活動は，それが形式的に法律の要件を充たしていたとしても，**権利濫用**として違法とされることがある。有名なのが，余目町個室付き浴場事件

である。Xが山形県余目町に個室付き浴場を開業しようとしたところ，周辺住民による反対運動が起きたため，山形県と余目町は，個室付き浴場の予定地から134メートル離れた場所にある学校跡地を児童福祉法上の児童福祉施設である公園として認可することにした。当時の風俗営業取締法（風俗法）4条の4は，児童福祉施設の周囲200メートル以内で個室付き浴場を営業することを禁止していたため，児童福祉施設ができれば，個室付き浴場の営業を食い止めることができると考えたわけである。県知事による児童福祉施設の認可は，それ自体としては児童福祉法の要件を充足するものであったが，最判昭和53・5・26民集32巻3号689頁は，当該認可はXによる個室付き浴場の営業を阻止することを主たる動機としてなされたものであり，行政権の著しい濫用によるものとして違法であるとした。別件において，Xは個室付き浴場の営業を行ったことで起訴されているが，無罪判決が下されている（最判昭和53・6・16刑集32巻4号605頁）。

4　行政法における信義則

| 信義則とは |

「法律による行政の原理」に従うべき行政法関係において，行政庁が法律に則って一定の行為を行うことが**信義誠実の原則（信義則）**に違反するとして違法とされる場合がある。2つの事例を紹介しよう。

| 青色申告事件 |

個人事業を営むXは，亡父が青色申告の承認を受けていたために，そのまま自分も青色申告ができるものと考えて，青色申告書による確定申告を続けていた。税務署からは何の指摘もなく，さらには，税務署からも青

色申告の用紙が送られ続けた。ところが，何年か経って，税務署長はXが青色申告の承認を受けていないことに気付いたため，更正決定を行った。Xは，これまで数年間，税務署は何の異議も挟まずに青色申告を受理し続けてきたのであり，今さら遡って効力を否認することは信義則に反し許されないと主張して，更正決定の取消しを求めた。

これに対し，最判昭和62・10・30判時1262号91頁は，法律による行政の原理なかんずく租税法律主義の原則が貫かれるべき租税法律関係においては，信義則の法理の適用については慎重でなければならず，「租税法規の適用における納税者間の平等，公平という要請を犠牲にしてもなお当該課税処分に係る課税を免れしめて納税者の信頼を保護しなければ正義に反するといえるような特別の事情が存する場合に，初めて右法理の適用の是非を考えるべきものである」とした。そして，特別の事情が存するかどうかの判断に当たっては，少なくとも，①公的見解の表示，②納税者の信頼，③表示に反する課税処分によって納税者が経済的不利益を受けたこと，④納税者の帰責事由の不存在が「不可欠のもの」として求められるとして，①公的見解の表示が認められない本件では，信義則の法理は適用されないと結論付けた。

最高裁が信義則の適用を極めて限定したのは，同じ立場にある者は法律に基づいて公平に扱われなければならないという「法律による行政の原理」を重視したためである。Xを保護するのは，たまたま行政の担当者がミスしたために，Xに対し法律上は認められない地位を認めることにほかならない。問題状況は，同じ所得をあげている者が全員，税率10%の税金を課されているのに，たまたまXだけ担当者のミスによって税率が5%で済まされたのと同じである。

行政法関係において信義則を適用するためには，こうした帰結を正
当化するだけの事情が備わっていなければならないのである（最判
平成 19・2・6 民集 61 巻 1 号 122 頁〔在ブラジル被爆者訴訟〕参照）。

> 宜野座村工場誘致
> 事件

これに対し，最判昭和 56・1・27 民集 35
巻 1 号 35 頁は，沖縄県宜野座村が推進し
てきた工場誘致施策が，選挙による村長の
交代のために撤回されたことで，工場事業者のそれまでの投資が無
駄になったという事案である。

　事業者からの損害賠償請求に対し，最高裁は，地方公共団体が一
定内容の継続的施策を決定した場合でも，社会情勢の変動等に伴い
施策が変更され得るのは当然であるとしたうえで，事業者が地方公
共団体による個別・具体的な勧告等に動機づけられて資金や労力を
投入したにもかかわらず，施策の変更により積極的損害を被ったよ
うな場合には，地方公共団体において代償的措置を講ずることなく
施策を変更することは，それがやむを得ない客観的事情によるので
ない限り，当事者間の信頼関係を不当に破壊するものとして，不法
行為責任を生ぜしめるとした。

　一旦策定した計画はいかなる障害を乗り越えてでも実現しなけれ
ばならないわけではなく，一般論として，社会情勢の変化に応じて
柔軟に見直すことは許容されるべきである。この事案では，選挙に
よる政策変更であるから，それ自体は違法なものとはいえない。し
かし，事情によっては，従前の計画を信頼した者の救済を図らなけ
ればならない場合も存在するということである（計画担保責任）。

第 5 章

行政組織法の基礎

　行政組織法というのは，行政組織が法律に則って活動を行うために定められた法的ルールのことである。本格的に説明するには紙幅が足りないので，ここでは，本書を読み進めていくうえで必要となる「約束事」の要点を説明するにとどめる。伝統的に通用してきた作用法的機関概念（行政官庁法理）においては，行政主体と行政庁，行政庁以外の行政機関，行政の内部関係と外部関係といった独特の用語法が使われてきた。これに対し，戦後に制定された国家行政組織法などでは，事務配分的機関概念が積極的に採用された。これら 2 つの「機関」概念の区別を押さえたうえで，代理，委任，専決といった補助機関を用いた事務執行について理解することがポイントである。

1　作用法的機関概念

行政主体と行政庁

　行政主体と外部の私人との法関係（行政作用法）を念頭に組み立てられる機関の概念を，**作用法的機関概念**という。今後の記述を読み解いていくためには，作用法的機関概念に基づく，「行政主体」と「行政庁」の違いについて正確に理解しておく必要がある。

　まず，**行政主体**とは，行政上の権利義務を負い，自己の名と責任において行政活動を行う法主体のことをいう。「国」，「千葉県」，

「横浜市」などが行政主体であり，行政主体は法人格を持つ。行政主体は，複数の機関（行政機関）から構成される。これに対して，**行政庁**とは，行政主体の意思を決定し，これを外部に表示する機関のことをいい，「国土交通大臣」，「千葉県収用委員会」，「横浜市長」などを指す。**行政機関**は行政主体の構成要素であり，行政機関の中で最も重要なものが行政庁であると理解して差し支えない。

　「行政主体」と「行政庁」の違いは，人体とその構成要素である器官に例えるとわかりやすい。つまり，人体は様々な器官（Organ）の集合体である。器官それ自体は人格を持たず，あくまでも集合体としての一人の人間が，意思を持つ人格として認められる。意思を持つ人格は法的にも当然に「人（法主体）」として認められ，権利義務の帰属主体となる。

　人体は，手足や内臓など様々な器官から構成されており，一人の人間のために意思決定を行い，活動する。特に重要な役割を果たすのが，意思決定を行う脳と，それを外部に表示する口であり，頭は，両者の性格を併せ持つことになる。つまり，人体における頭に相当するのが，行政庁なのである。

　行政処分を発付するのは行政庁であるのに対して，財産権など権利・義務の帰属主体になるのは行政主体である。作用法的機関概念は，行政庁を中心とする考え方であることから，**行政官庁法理**と称されることがある（行政「官庁」とは，国の機関を念頭に置いた考え方であるが，戦前は地方公共団体の機関が行政処分を行うことが少なかったため，行政官庁法理と呼ばれた）。

コラム 1-7　国家法人説

　もともと法主体（法人）とその構成要素である機関の関係をめぐる議論は，民法や商法上の法人について構築されてきた。株式会社が法主体としての法人であり，権利義務の帰属主体となるのに対し，代表取締役，監査役，株主総会などは，その構成要素としての機関にすぎないという考え方である。ドイツのラーバントやイェリネックは，これを国や公共団体などにも当てはめて，国家を有機体としての法人として把握する「国家法人説」を完成させた。有名な美濃部達吉の天皇機関説は，国家法人説を日本に導入して，明治憲法下における国（行政主体）の最高の意思決定機関は天皇であるとした学説であり，それ自体に不敬のニュアンスはなかった。Organ を生物学の用語である「器官」ではなく，機械の歯車のような印象を与える「機関」と翻訳したことが，誤解の始まりであったと思われる。

様々な行政庁

　法人の意思決定を行い，それを外部に表示する行政庁の役割を担うのは，そのトップであることが多い。国においては，**分担管理の原則**から，法令を所管する各省の大臣であったり，税務署長のような内部部局の長や職員が，行政庁の役割を担う。ただし，委任によって，地方支分部局の長が許認可の権限を行使する局面も少なくない。

　地方公共団体においては，多くの場合，都道府県知事や市町村長が行政庁として活動する。ただし，専門性や中立性の観点から，教育委員会，人事委員会，収用委員会といった委員会が行政庁として振る舞うこともあるし，根拠法の定めに従い，建築主事が建築確認を行うようなケースも存在する。委任の法理によって，保健所長や福祉事務所長が許認可の権限を行使することもある。

行政庁以外の機関　**i　補助機関**

　行政官庁法理の下では，行政庁を補佐する内部部局の職員はすべて「補助機関」として一括りにされる。大臣との関係における副大臣，大臣政務官，事務次官，局長以下の職員は，みな補助機関である。都道府県知事との関係における副知事とその他の職員，市町村長との関係における副市町村長とその他の職員は，すべて補助機関という位置付けである（自治 161 条以下）。

ii　諮問機関

　専門的知見の活用，行政の公正中立性の確保，利害調整等を目的として，行政庁の諮問を受けて答申を行う権限を有する機関が諮問機関である。多くは合議制機関であるが，独任制の場合もある。なお，意思決定の要件として諮問機関の議決が必要とされ，行政庁がその議決に拘束される場合，**参与機関**と呼ぶことがある（検察官適格審査会，電波監理審議会など）。

iii　執行機関

　警察官，消防吏員，入国警備官，徴収職員のように，私人に対して直接に実力を行使する権限を有する機関のことを執行機関という。なお，地方自治法上の「執行機関」とは，長，委員会または委員のことを指し，作用法的機関概念でいう「行政庁」の意味であるため，注意しなければならない（自治 138 条の 2・138 条の 4）。

行政庁中心主義？　作用法的機関概念は，行政庁中心主義と言い換えても良いくらいで，とにかく行政庁が御主人様としての頭脳であり，残りの機関——言うまでもなく，行政組織の職員の圧倒的大多数が属する——はそれに従う下僕にすぎないという，凄い発想である。

　「頭脳」である行政庁が主役であって，それ以外の機関は，頭脳

のために食物を消化・吸収して各部にせっせと栄養を送る「内臓」としての補助機関，行政庁の指示に従う実働部隊である「手足」としての執行機関など，行政庁の従たる機関として位置付けられる。人体では例えることが難しいが，諮問機関は，頭脳からの諮問に応じて答申を出す「外付けメモリ」として機能する。

　言うまでもなく，行政庁だけで行政活動を貫徹することは不可能であり，作用法的機関概念がフィクションであることは明らかである。しかし，行政と私人の間の法関係を解明するうえでは，行政庁にその権限や責任のすべてを帰せしめる作用法的機関概念は非常に理解しやすいために，戦前から，講学上も実定法上も重んじられた。

> **行政の内部関係・外部関係**

これに関連して，行政主体の内部での関係（上級行政庁と下級行政庁との間の関係）を，行政の内部関係と呼ぶことがある。人体に例えれば，身体の内部の「器官」同士の関係である。これに対して，行政主体と他の法主体との関係を，行政の外部関係と呼ぶことがある。

　行政作用法や行政救済法で問題になるのは，基本的に行政の外部関係であるので，注意が必要である。行政の内部関係については，「法律上の争訟」性（裁3条1項）が否定されて，機関訴訟（行訴6条）という特別の訴訟類型によって規律される。機関訴訟は，法律に特別の定めがある場合しか提起することが認められない（行訴42条）（→第3編第2章8(2)）。⇒212頁

　大阪府国民健康審査会事件において最判昭和49・5・30民集28巻4号594頁は，大阪府国民健康保険審査会と保険者である大阪市との関係は，「一般的な上級行政庁とその指揮監督に服する下級行政庁の場合と同様の関係に立ち，右処分の適否については審査会の

裁決に優越的効力が認められ，保険者はこれによつて拘束されるべきことが制度上予定されているものとみるべきであつて」，保険者が裁決について争うことは，法の認めていないところであるとした。

コラム 1-8　行政主体同士の関係

　それでは，行政主体同士の関係であれば常に外部関係となり，「法律上の争訟」性が認められるのかというと，実定法上，必ずしもそのように扱われているわけではない。国と地方公共団体はともに行政主体同士であるが，実定法上は，両者の間の紛争は機関訴訟としての解決に委ねられており（自治 251 条の 5 以下），「法律上の争訟」性を否定されているようにみえる。

　成田新幹線訴訟にかかる最判昭和 53・12・8 民集 32 巻 9 号 1617 頁は，特殊法人である日本鉄道建設公団（当時）を国の運輸大臣（当時）の下級機関と位置付けて，運輸大臣が日本鉄道建設公団に対して行った認可は内部関係の行為であるので抗告訴訟の対象にはならないとした。

　最高裁の結論に対しては，独立の法人格を与えたことは自律的活動の余地を与えたことを意味するのであるから，その間に法律の適用をめぐる紛争が生じた以上は「法律上の争訟」として取り扱うべきではないかという批判が有力である。

　さらに，国の機関または地方公共団体が「固有の資格」によって処分の名宛人になっているときは，行政手続法（行手 4 条 1 項），行政不服審査法（行審 7 条 2 項）の適用が明文で除外されており，明文の規定はないが，行政事件訴訟法の抗告訴訟・当事者訴訟の規律も同じように適用されないと解される可能性がある。「固有の資格」とは，国の機関等であるからこそ立ち得る特有の立場，すなわち，一般私人が立ち得ないような立場をいう（最判令和 2・3・26 民集 74 巻 3 号 471頁）。

2 事務配分的機関概念

事務配分的機関概念　行政事務の配分に着目した機関の概念を，**事務配分的機関概念**（組織法的機関概念）という。外交を担当する外務省，財務を担当する財務省，防衛を担当する防衛省というように，皆さんが日常でイメージする「機関」の概念は，こちらに近いことと思われる。

　国家行政組織法や各省設置法など，戦後すぐの時期に制定された行政組織関係の法律の多くは，事務配分的機関概念に立脚している。例えば，国家行政組織法2条1項によれば，「行政機関」とは，「任務及び……所掌事務を有する」単位であるし，3条3項においても，「行政事務をつかさどる」単位という扱いである。極めつけは，行政官庁法理においては行政機関という扱いであった各省大臣について，5条1項で，（行政機関である）「各省の長」という位置付けがなされていることである。

　事務配分的機関概念の下では，府省へと配分された所掌事務は，外局（委員会・庁），内部部局（官房・局・課・係・職），附属機関へと再配分される（分配の原理）。その一方で，複数の職が組み合わさって係となり，課・局・省へと結合していくように，小さな事務配分単位が組織され，結合していくことで，より大きな事務配分単位が組織されていく（結合の原理）。

2つの「機関」概念の関係　並立する2つの「機関」概念について，いずれか一方が正しく，もう片方が誤りというわけではない。前提として，事務配分的機関概念は，戦前の作用法的機関概念中心主義への反省の下で，いわばアンチテーゼとして採用されたという経緯を押さえる必要があ

る。

　というのも，作用法的機関概念は行政作用として行われる法律行為に着目して組み立てられた法理であった。そのために，指揮・監督や委任・代理といった関係についての考察が主であり，法的拘束力を伴わない事実行為（行政指導，行政調査など）や，行政内部の意思決定，そして相互間の調整などが視野の外に置かれていた。これに対して，事務配分的機関概念では，指揮・監督や委任・代理だけでなく，共助，調整，評価・監察，管理関係といった行政の内部組織に即した関係が視野に入れられる。

　作用法的機関概念は，機関間に上下関係があることを前提にしたうえで，その際の指揮・監督関係を明らかにすることを試みるものであって，それ自体においては，機関相互の上下関係を特定するものではない。機関間の上下関係は，事務配分的機関概念によって初めて確定されることになる（塩野・行政法Ⅲ）。作用法的機関概念と事務配分的機関概念は，その着眼点が異なるのであって，対立するというよりも，相互補完的関係にあるというのが適切な捉え方であろう。

3　補助機関を用いた職務執行

　法律では都道府県知事に付与されているはずの許認可権限を，福祉事務所長や保健所長などが行っていたり，実質的な決裁を課長などが行っていることが実務上は稀ではない。このようなことは，本来の機関の権限があまりにも多く，細かい事務については補助機関と分担して行う必要があるために生じる（それ以外にも，条例による事務処理の特例〔自治252条の17の2〕と大都市等に関する特例〔同法

252条の19）に注意されたい）。特に重要性が高い，代理，委任，専決
（代決）について説明する。

> 　代　　理

代理には，授権代理と法定代理がある。授
権代理（自治153条1項など）の場合は，法
律の根拠は不要である。法律で代理の定めが置かれている場合を，
法定代理という（同法152条1項など）。いずれも，代理権を付与さ
れた補助機関が本来の権限を有する機関のためにすることを示して
行為し（顕名），その効果は本来の権限を有する機関に帰属するとい
う点で，民法の代理と同じである。例えば，織田市長の職務を羽
柴副市長が代理するとき，羽柴副市長は，「織田市長代理羽柴副市
長」として権限を行使する。実務上，授権代理はほとんど行われて
いない。

> 　委　　任

行政法学上の委任は，本来の機関（委任機
関）に付与された権限を受任機関へと変更
することをいう。委任契約（民643条以下）とは全く異なるので，
注意する必要がある。法律でなされた権限分配を変更することにな
るので，法律の根拠（自治153条1項2項など）がなければすること
ができない。受任機関は，自身の名義で権限を行使するのであって，
そこに委任機関のことは一切現れない。例えば，出入国管理及び難
民認定法69条の2に基づき，武田法務大臣が馬場出入国在留管理
庁長官に権限を委任した場合，以後，在留特別許可などは，馬場長
官が自身の権限として行使することになる。

　委任機関は受任機関に対し，委任機関であるということを理由と
して指揮・監督権をもつものではないと一般には解されている。た
だし，ほとんどの場合は，受任機関は委任機関の補助機関ないし下
級機関であるので，委任機関は上級機関としての指揮・監督権を有

し続けている（自治 154 条参照）。

　箕面忠魂碑訴訟にかかる最判平成 5・2・16 民集 47 巻 3 号 1687 頁は，長は，受任機関である吏員に対し上級機関として有する指揮・監督上の義務に違反し，故意・過失により当該吏員が財務会計上の違法行為をすることを阻止しなかったときに限り，地方公共団体が被った損害につき賠償責任を負うとした。

> **専　　決**

　専決とは，補助機関が本来の機関として権限を行使する実務上の運用であり，法律上の制度ではない（自治 179 条・180 条の「専決処分」とは全く意味が異なるので注意すること）。毛利市長が行うはずの決裁権限を，吉川副市長や小早川課長が代わりに行使するようなケースであって，日本の行政実務では非常に幅広く行われており，授権代理がほとんど用いられていない大きな要因である。もちろん，専決については本来の機関の了承は得ていることが前提であり，そうでなければ単なる冒用である。

　大阪府水道部会議接待費事件において，最判平成 3・12・20 民集 45 巻 9 号 1455 頁は，委任の場合と同様に，本来の機関は故意・過失により補助機関が行う財務会計上の違法行為を阻止しなかったときに限り賠償責任を負うと判示している。

　専決の中でも，本来の機関が病気などの理由で欠けているときに行われるものを，代決という。専決（代決）の性質については，本来の機関に対する補助執行であるなど様々な見解があるが，署名代理（本人の名前のみを示して行われる代理）と考えるのが平明である。

第 2 編

行政過程論

第*1*章

行 政 行 為

行政過程においては，許可，命令，禁止など，行政庁が私人の個別・具体的な権利義務関係を一方的に形成する行政行為が重要である。本章では，実体的違法と手続的違法へと分けて，行政行為がいかなる場合に違法と判断されるのかについて，具体的な事例を参照しながら学ぶことにする。

1 行政行為とは

行政過程論

行政法で問題となる典型的な過程（プロセス）は，調査，事実認定，法律要件へのあてはめを経て行使された特定の行政活動に対し不満をもつ私人から訴訟が提起され，裁判所によってその行政活動が適法か違法か判断されるという経過を辿るというものである。こうした一連の過程のことを，**行政過程**と呼ぶ（塩野・行政法Ⅰ）。第 2 編では，行政過程について重点的な説明を行う。また，行政活動のことを行政作用とも呼ぶことから，この領域を**行政作用法**ということがある。

行 政 行 為

行政過程において特に問題となるのが，行政行為をめぐる一連のプロセスである。**行政行為**とは，行政庁が私人の個別・具体的な権利義務関係を一方的に形成する行為のことを指す。許可（一般的に禁止されている行為を

一定の条件の下で解除する），命令（国民に対して一定の行為をするように義務付ける），禁止（国民の権利を制限する）など，行政が，個別・具体的に，私人の活動を制約する活動について思い浮かべればよい。行政行為を行うには，法律（または条例）の根拠が不可欠である。

> **行政行為と処分**

ただし，行政行為は講学上の概念であって，実定法で用いられているのは，**「処分」**という概念である。「処分」は，「行政庁の処分その他公権力の行使に当たる行為」と定義されている（行手2条2号）。「行政処分」というのも，これと同じ意味である。しかし，処分のことを「行政庁の処分」と定義したところで具体的な意味内容には乏しく，結局のところ，解釈に委ねられる部分が大きい。

　行政救済法においては，審査請求や抗告訴訟の対象となる「処分性」（行審1条2項，行訴3条2項）の理解が重要である（→第3編第2章2(1)）。講学上の「行政行為」ないし実定法上の「処分」は，もれなく「処分性」が認められるのだが，権力的事実行為，行政基準，行政計画，場合によっては行政指導についても「処分性」が認められる場合があるので，注意しなければならない。

⇒157頁

　以下，本書では，講学上の概念について説明する場合は「行政行為」を用い，実定法上の説明を行う場合には「処分」または「行政処分」を用いることとする。入門の段階では，両者の区別について気にする必要はない。

2　行政行為（行政処分）の実体的違法

(1)　実体規定の構造

　私人の権利義務関係について規律する法律の条文のことを，**実体**

規定と呼ぶ。したがって，行政行為の根拠条文は，実体規定ということになる。実体規定は，**要件規定**と**効果規定**へと分かれる。「行政庁は，Ⓐのときは* Ⓑをすることができる」という具合である。このときのⒶを要件規定，Ⓑを効果規定と呼ぶ。そして，実体規定への違反がある場合のことを，「実体的違法がある」と表現する。

　抽象的に説明してもピンとこないと思われるので，地方公務員の懲戒処分（地公 29 条 1 項）の規定を例に，説明しよう。

　地方公務員法 29 条 1 項には，行政庁への言及がない。ここには任命権者（地公 6 条 1 項）が入る。多くの場合，任命権者は長であるから，「長は，Ⓐ職員が次の各号のいずれかに該当する場合には，当該職員に対しⒷ懲戒処分として戒告，減給，停職又は免職の処分をすることができる」と読めばよい。

　処分の根拠法規は，行政庁の権限行使に対し制約をかけている。私人（上記の設例では「職員」）に対し懲戒処分という権利侵害を行う以上，それはⒶ法律の定める要件が充足された場合に限って，Ⓑ法律が定める処分についてのみ許されるという趣旨である。

（2）要 件 規 定

要件規定への該当性

　要件規定（Ⓐ）への充足が認められるのは，地方公務員法 29 条 1 項 1 号～3 号の規定に該当する場合であり，法令・条例違反（同項 1 号），職務義務違反・懈怠（同項 2 号），全体の奉仕者たるにふさわしくない非行（同項 3 号）へと分かれる。

　懲戒処分のような不利益処分であれば，Ⓐには原因事実として，相手方が何か悪いことをした事由（違反事由，違反事実ともいう）が書き込まれている。1 号該当性を例にとると，兼業禁止の義務（地

公38条1項）に違反して営利企業に従事したという「事実」への認定が行われて，地方公務員法29条1項1号という処分要件に該当するという判断が，任命権者によって行われるという過程である。

2号該当性は争いになりやすく，昔ならば，リボン闘争を行った労働組合員の行為が「職務を怠つた」といえるのか（大阪高判昭和51・1・30判時804号3頁），最近だと教職員が卒業式で国歌を斉唱しないことが「職務上の義務に違反し」たといえるのか（最判平成24・2・9民集66巻2号183頁）など，法律の解釈が激しく争われる。

| 要件裁量 | これに対して，3号該当性は，「全体の奉
仕者たるにふさわしくない非行のあつた場

合」という，何とも幅のある定め方である。通勤経路での飲酒運転が「ふさわしくない非行」であるという認定（最判令和5・6・27裁判所ウェブサイト）に異論はないと思われるが，趣味に関する匿名のツイートでSNSを炎上させることは「ふさわしくない非行」とはいえないだろう。しかし，職務に関係する実名のツイートで世の中を騒がせたような場合には，「ふさわしくない非行」と認定される余地が出てくる。プライベートでの振舞いについては，内容によるとしかいえない部分があって，現場の実情に通じた任命権者（行政庁）の判断に委ねるほかないのである。要件充足の認定をめぐって行政庁に判断の余地を認める場合，これを**要件裁量**と呼ぶ（なお，地方公務員法29条1項3号が要件裁量を認めた規定であるかについては争いがある）。最高裁が明示的に要件裁量を認めた事例として，運転免許取消事由（最判昭和39・6・4民集18巻5号745頁）や外国人の在留許可の更新（最大判昭和53・10・4民集32巻7号1223頁〔マクリーン事件〕）がある。

(3)　効 果 規 定

効果規定（Ⓑ）については，まず，Ⓐの要件が充たされていないのにⒷの処分を行う

> **効 果 規 定**

ことが許されないのは，すぐに理解できることと思われる。例えば，有給休暇を取得して仕事を休んだ者に対し，「職務を怠つた場合」（地公29条1項2号）に該当するとして懲戒処分を下すことは許されない。有給休暇の取得は「職務を怠つた」とはいえないからである。

　次に，「Ⓑをしなければならない」とか「Ⓑをするものとする」といったように，行政庁にとって，要件規定（Ⓐ）への充足が認められる限り，Ⓑを行うことが義務付けられている（Ⓑを行わない自由はない）規定ぶりとなっている場合がある。このようなとき，「行政庁はⒷを行うように覊束（きそく）されている」と表現する。

> **効 果 裁 量**

しかし，地方公務員法29条1項は，任命権者を覊束するのではなく，戒告，減給，停職または免職というように，懲戒処分として，いくつかの行使すべき選択肢（オプション，メニュー）を示している。さらにいえば，要件の充足を認めたとしても，行政庁の判断で「懲戒処分を行わない」と判断することも妨げられない。すなわち，行政庁には，処分をするかどうか（決定裁量），するとして，いかなる処分を選択するか（選択裁量）について，幅広い判断の余地が認められている。

　判断の余地が幅広く与えられているのは，行政庁に対し，個別・具体的な事情に基づいて臨機応変な判断を可能とするためである。そして，行政庁に付与された処分の決定および選択をめぐる判断の余地のことを，**効果裁量**と呼ぶ。

　なお，このとき，Ⓑの選択肢に入っていない処分を下すことが認

められないのは文理上当然であって，裁量の問題ではない。横浜市の職員が収賄など重大な非行を犯した場合であっても，時代劇のお裁きのように，横浜市から向こう20年間追放するなどという処分は禁じられる。できるのは，地方公務員法29条1項で定められた戒告，減給，停職そして免職の4種類の処分だけである。これは侵害留保の原理のためであり，裏を返せば，法律で規定されていない「厳重注意」などは，処分としての性質は持たない行政指導にすぎず，事実上の効果しか有しないことになる。

裁量権の逸脱・濫用

さらに，法文上はⒷとして認められている選択肢であったとしても，個別・具体的事情の下で行政庁が発令することは許されない場合もある。**裁量権の逸脱・濫用**という問題である（行訴30条参照）。例えば，職場のコピー用紙を1枚持ち帰った職員に対し，「全体の奉仕者たるにふさわしくない非行」があったとして（Ⓐ），免職の処分を下すことは（Ⓑ），地方公務員法29条1項で認められた選択肢であるとはいっても，さすがにやりすぎということで，違法の評価を免れない。

しかし，地方公務員法29条1項で認められた範囲内での選択であるにもかかわらず，これをいかなる理屈で違法と評価するのだろうか。端的にいえば，行政庁には個別・具体的事情の下で与えられた裁量（選択肢）の中から最適な判断を下す義務が課せられているのであって，不当な目的のために権限を行使したり（権限の濫用），許容範囲を超えた権限を行使したり（権限の逸脱）することは許されないと説明することになるだろう。

行政法の基本原則である比例原則や平等原則（→第1編第4章1，2）は，裁量権の逸脱・濫用を説明する手がかりとして用いられることが多い。職場のコピー用紙1枚を持ち帰った職員に対し免

職処分を下すという事例は，達成すべき目的と行使する手段との間の均衡が取れていない（比例していない）ため，比例原則違反として説明される。

コラム 2-1　要件裁量と効果裁量の関係

　本文では，効果裁量として免職の処分は重すぎるという文脈で説明しているが，（懲戒処分の要件該当性の判断に裁量が認められるという立場を採った場合）職員がコピー用紙を1枚持ち帰ったという行為について，「全体の奉仕者たるにふさわしくない非行」の要件に該当すると判断したことの是非も，同時に問題となる。要件裁量と効果裁量の両方が認められている場合には，そもそも「非行」の要件には該当しないと処理するか，それとも要件には一応該当するとしたうえで効果裁量の方でバランスをとるか，行政庁に選択肢が与えられることになる。

コラム 2-2　刑罰規定における要件（構成要件）と効果

　実体規定への違反は，刑事罰で例えるとわかりやすい。刑法235条でいえば，［裁判所は，］「Ⓐ他人の財物を窃取した者は，窃盗の罪とし，Ⓑ10年以下の拘禁刑又は50万円以下の罰金に処する」ということである。Ⓐの要件が充たされていないのにⒷを行うというのは，他人の財物を窃取していないのに窃盗罪で処罰するのと同じと理解すればよい。これに対し，（Ⓐは充たされていたとしても）Ⓑとして認められていない処分を下すというのは，窃盗罪で死刑判決を下すようなものなのである。

　裁量権の逸脱・濫用についていえば，シャープペンシルの芯を1つ盗んだ者に対して拘禁刑10年の判決を下すのは，犯した罪の重さと刑罰とがバランスを欠いている。実は，刑罰規定も要件規定（Ⓐ）と効果規定（Ⓑ）の組み合わせでできていることが理解できただろうか

（ただし，刑法学では，Ⓐを「構成要件該当性」と表現する）。

　比例原則は，重い違反には重い処分，軽い違反には軽い処分が求められるという趣旨であり，発想としては，刑事罰において，罪を犯した者に対してどのくらいの科刑が適切であるかについて考える罪刑均衡の原則と共通する。窃盗罪は 10 年以下の拘禁刑または 50 万円以下の罰金に処することとなっているとはいえ（刑 235 条），上限いっぱいの 10 年間の拘禁刑に処されるのは，よほど高額なものを悪質な態様で盗んだ場合に限られることを思えば，理解できるだろう。

3　行政行為（行政処分）の手続的違法

(1)　総　　説

　手続規定とは，「行政庁は，Ⓐのときは【必要な手続を踏んだ上で】Ⓑをすることができる。」というときの【　】内の部分に相当する。しかし，実体規定への違反と比較すると，手続規定への違反がなぜ厳しく戒められるのかについては，イメージしづらいところがある。一般には，告知と聴聞，文書の閲覧，基準の設定・公表，理由の提示の 4 つが適正手続の原則として紹介されることがあり，通則法として**行政手続法**と各地方公共団体の行政手続条例が制定されている。行政手続法が制定されたのは平成 5（1993）年であり，行政法の通則法の中では比較的新しい部類に属する。

　適正手続の要請の根拠は，「何人も，法律の定める手続によらなければ，その生命若しくは自由を奪はれ，又はその他の刑罰を科せられない」と定める憲法 31 条に求められる。憲法 31 条の文言上は，刑罰を科するための手続の適正を定めたものとするのが素直な解釈であるが，その後，特にアメリカ法の影響下で，刑事手続を念頭に置いて発展してきた適正手続の理念は，行政手続にも当てはまると

考えられるようになった（最大判平成 4・7・1 民集 46 巻 5 号 437 頁
〔成田新法事件〕）。「正しい手続からのみ，正しい結論が生まれる」
と考えられるようになったのである。

　また，かつては違法な行政行為については事後的に取消訴訟や国
家賠償訴訟を提起して救済を図ればそれで足りると考えられていた
のに対し，事前の適正手続を整備してそのプロセスを踏むことで，
違法な行政行為が下されるのを事前に食い止めることの重要性が意
識されるようになった。

　成田新法事件判決が下された時期は，行政手続法が制定に向けて
大詰めを迎えていた時期でもあった。行政手続法の施行に続いて，
各地方公共団体でも行政手続条例が続々と整備されていった。以下，
本章では，行政手続法のうち，行政処分に関する規定について説明
を行う。

| 2 つの分類 |
行政手続法は，行政処分を，「申請に対する処分」と「不利益処分」へと分類した。
申請に対する処分とは，申請（行手 2 条 3 号）に対して行政庁が行う
許可処分や不許可処分（拒否処分）のことであり，一般に許認可と
称される。これに対して，**不利益処分**とは，行政庁が直接に国民の
権利を制限し，または義務を課す処分のことをいう（同条 4 号）。業
務改善命令，営業停止命令，許可の取消処分，違法建築物の除却命
令，固定資産税の賦課決定などが該当する。

| 行政手続法と行政手続条例 |
次に根拠法令であるが，行政処分の根拠が
法律に置かれている場合には，行政手続法
の規律に従わなければならない。食品衛生
法，建築基準法，廃棄物処理法など，国ではなく地方公共団体の機
関が行う場合であっても，多くの事務は法律に基づいて行われる。

これに対して，行政処分の根拠が条例に置かれている場合には，各
地方公共団体が制定した行政手続条例の規律に従うことになる（行
手3条3項）。公の施設の設置・管理条例に基づく使用許可，情報公
開条例に基づく公文書開示決定などである。ただし，行政処分に関
する規律内容は，行政手続法とほとんどの行政手続条例において共
通しているので，以下の説明は，行政手続法を念頭に置く。

> 一般法と特別法

さらに，行政手続法はあくまでも一般法
（通則法）であるため，行政処分の根拠法令
に特則が置かれている場合には，特則の定めが優先される。

(2)　申請に対する処分

> 申　請

申請とは，国民が行政庁に対して許可，認
可，免許その他の自己に対して何らかの利
益を付与する処分（許認可処分等）を求める行為のことをいう（行手
2条3号）。行政庁には，申請に対して応答する義務がある。申請が
事務所に到達したときは，遅滞なく審査を開始して（同法7条），し
かるべき期間内に応答する必要があり，許可処分もしくは不許可処
分（拒否処分）が行われることになる。

申請者にとって許可が得られず，不許可処分が下された場合，申
請者は不満を持つことになり，審査請求や取消訴訟が提起されるこ
とになる（タイプ1の紛争）。申請者以外の第三者にとっても，自宅
近くに産業廃棄物処理場の建設が計画されて，事業者に対して設置
許可処分が出されれば，それに対する不満を持つことがあり得る
（タイプ3の紛争）。

> 審査基準

行政庁は，許認可等をするかどうかを判断
する基準（**審査基準**）をあらかじめ設定し

45

ておかなければならず（行手 2 条 8 号ロ・5 条 1 項），行政上特別の支障があるときを除いて，この基準を公表しておかなければならない（同法 5 条 3 項）。その趣旨は，申請者にとって一体自分は申請のときまでに何をどこまで準備すれば許認可が得られるのか，事前にその基準を知らせるためである（予測可能性の保障）。また，行政庁によってあらかじめ内部の基準が設定されていれば，よほどの事情がない限りこの基準に従うことを約束したのと同じであるから，行政庁の恣意的な判断を防ぐことができる。判断過程が透明なガラス張りになっているようなものである（行政の透明性の確保）。

コラム 2-3　個人タクシー事件

　審査基準の設定・公表を義務付けた行政手続法 5 条に大きな影響を与えたのが，個人タクシー事件である。昭和 34（1959）年，日本で初めて認められた個人タクシー営業免許の申請を却下された原告からの取消請求について，最判昭和 46・10・28 民集 25 巻 7 号 1037 頁は，道路運送法旧 6 条は抽象的な免許基準を定めているにすぎないのであるから，内部的にせよ，さらに，その趣旨を具体化した審査基準を設定し，これを公正かつ具体的に適用しなければならず，特に基準の内容が微妙，高度の認定を要するようなものである等の場合には，上記基準を適用するうえで必要とされる事項について，申請人に対し，その主張と証拠の提出の機会を与えなければならないとしたうえで，「免許の申請人はこのような公正な手続によって免許の許否につき判定を受くべき法的利益を有するものと解すべく，これに反する審査手続によって免許の申請の却下処分がされたときは，右利益を侵害するものとして，右処分の違法事由となる」として，申請却下処分を取り消した。

理由の提示

行政庁が拒否処分をする場合には，同時に当該処分の理由を示さなければならない（行手8条1項）。拒否処分を書面でするときには，理由もまた，書面で示す必要がある（同条2項）。行政手続法が**理由の提示**を義務付けている趣旨は，①行政庁の判断の慎重と公正妥当を担保してその恣意を抑制することとともに，②申請者にとっての不服申立ての便宜を図ることにあるとされる。

　行政手続法制定以前の事案であるが，最判昭和60・1・22民集39巻1号1頁は，旅券法14条が一般旅券発給拒否通知書に拒否の理由を付記すべきものとした趣旨を①②に求めたうえで，「いかなる事実関係に基づきいかなる法規を適用して一般旅券の発給が拒否されたかを，申請者においてその記載自体から了知しうるものでなければならず，単に発給拒否の根拠規定を示すだけでは，それによって当該規定の適用の基礎となつた事実関係をも当然知りうるような場合を別として，旅券法の要求する理由付記として十分でないといわなければならない」として，「旅券法13条1項5号に該当する」と根拠規定のみを示してなされた発給拒否処分を取り消している。

　全般的に，判例は，理由の提示の不備があると，処分を取り消してもう一度審査のやり直しを命じる傾向がある。その背景には，行政庁が入念に審査を行ったならば，申請を拒否した理由を的確に示すことができるはずであって，処分と同時にその理由を示すことができないのは，きちんと考えて審査していない（行政庁の恣意的判断の抑制）とみなされると評価しているためと推察される。言ってみれば，理由の提示は行政庁が審査をどのように行ったのかを示すエビデンスの機能を果たしているのである。

標準処理期間

行政庁は，申請者が今後の見通しをつけられるように，申請を審査して許可・不許可の応答をするまでに通常要すべき標準的な期間（**標準処理期間**）を設定・公表する努力義務を負う（行手6条）。標準処理期間をあまりに過ぎたような場合，申請者としては，不作為の違法確認訴訟，申請型義務付け訴訟，不作為についての審査請求によって行政庁の応答を求めることになる。また，標準処理期間を徒過したことで，その間に得られるはずであった逸失利益や，返答を待たされたことによる精神的損害については，国家賠償による救済が考えられる。

公聴会の開催

公聴会とは，行政庁が申請者以外の者から意見を聴く機会を設けることである。Aが廃棄物処分場の設置許可処分を受けることに対して，周辺住民であるXらが反対している場合（*タイプ3*の状況），行政庁は，Xらの意見を聴く機会を設けるよう努めなければならない（行手10条）。

　行政手続法10条は公聴会の開催を努力義務にとどめているが，個別の法律では，利害関係者に対する公聴会の開催を義務付ける場合がある（収用23条など）。

（3）届　　出

　申請とは異なり，法律上の効果を発生させるために行政庁の諾否の応答を必要としないものを**届出**という（行手2条7号）。届出の場合，形式上の要件を備えた届出書の提出さえ済ませれば，自己の期待する一定の法律上の効果を得ることができる。しかし，かつての実務では，届出がなされても窓口で「不受理」とする取扱いが珍しくなかったとされる。届出は「受理」されていないので，法律上の効果は発生しないというのである。行政手続法が，届出義務は，

「法令により当該届出の提出先とされている機関の事務所に到達したときに，当該届出をすべき手続上の義務が履行されたものとする」と定めた（同法37条）趣旨は，「受理」概念を否定することにある。

（4）　不利益処分

行政庁が直接に国民の権利を制限し，または義務を課す処分のことを，**不利益処分**と

不利益処分

呼ぶ（行手2条4号）。業務改善命令，営業停止命令，営業許可の取消処分，所得税の更正処分などの課税処分，違法建築物の除却命令が典型的である（二当事者間の関係では，**タイプ2**になる）。さらに，一般に監督処分や措置命令と呼ばれる，行政庁が事業者の活動をコントロールするタイプの行政処分も，不利益処分に分類される。

行政庁が不利益処分を下す場合，そもそも処分をするかどうか，またはどのような内

処分基準

容の処分をするかについて，事前に内部の基準が設けられていれば，行政庁の恣意的な判断を防ぐことが可能となるばかりか（行政の透明性の確保），処分の相手方にとっても予測可能性が保障される。そこで，立法者は，行政庁に対して，不利益処分をするかどうか，まTいかなる不利益処分をするかについて判断するための基準（**処分基準**）をあらかじめ設定し公表すべく，努力義務を課した（行手2条8号ハ・12条1項）。

行政庁の従うべき基準という意味では，審査基準と処分基準はよく似ており，講学上，両者を合わせて解釈基準ないし裁量基準ということがある（→コラム2-9）。ただし，処分基準の設定・公表は，審査基準の場合とは異なり，努力義務にとどめられている。行政の

⇒81頁

透明性の確保および処分の相手方に対する予測可能性の保障という
観点からは，処分基準も設定・公表を義務付けるべきと思われるが，
①不利益処分の実例が少なく，基準を設定するほどの蓄積がないこ
と，②あらかじめ行政の手の内を知らせてしまうと，悪質な者ほど
巧みに処分基準をすり抜ける手がかりとして利用される可能性があ
ることが，努力義務にとどめられた趣旨である。

　図表 1 は，埼玉県教育委員会が定めている「懲戒処分の基準」
（平成 16・11・11 議決）である。身近な事例として，「交通事故・交
通法規違反関係」について抜粋した（ただし，厳密なことをいうと，
懲戒処分は適用除外なので〔行手 3 条 1 項 9 号〕，あくまでも処分基準とし
ての機能を有する例として参照されたい）。

> 聴聞と弁明の機会の
> 付与

i　意　義

　行政庁が不利益処分をしようとする場合，
行おうとしている処分の内容を名宛人とな
るべき者に対し告知したうえで，処分の程度が重いときは**聴聞**を行
わなければならず，処分の程度が軽いときは**弁明の機会**を付与しな
ければならない（行手 13 条 1 項）。両者の使い分けについては，聴
聞が許認可の取消し（同項 1 号イ。講学上の「職権取消し」，「撤回」の
いずれにおいても同様である），資格・地位の剥奪（同号ロ），法人の役
員の解任（同号ハ）など，名宛人の地位をご破算にするような重い
処分を行う場合に求められるのに対し，それに至らないときは弁明
の機会で足りる（同項 2 号）。告知と聴聞は，処分の名宛人となるべ
き者の権利保障に資するだけではなく，客観的な真実に近づくため
にも不可欠な手続であり，行政の事前手続の中核をなす。

ii　告知の内容

　まずは，予定された処分について，当事者・利害関係人に告知が

図表 1　懲戒処分の基準

第 1　基本事項
　　本基準は，代表的な事例を選び，それぞれにおける標準的な懲戒処分の種類を掲げたものである。
　　具体的な処分量定の決定に当たっては，
①　非違行為の動機，態様及び結果はどのようなものであったか
②　故意又は過失の度合いはどの程度であったか
③　非違行為を行った職員の職責はどのようなものであったか，その職責は非違行為との関係でどのように評価すべきか
④　他の職員及び社会に与える影響はどのようなものであるか
⑤　過去に非違行為を行っているか
　　等のほか，適宜，日ごろの勤務態度や非違行為後の対応等も含め総合的に考慮の上，判断するものとする。
　　個別の事案の内容によっては，標準例に掲げる処分の種類以外とすることができる。
　　また，懲戒処分を行わないことに相当の理由があると認められるときは，懲戒処分以外の訓告等の措置を行うこともできる。
　　なお，標準例に掲げられていない非違行為についても，懲戒処分の対象となり得るものであり，これらについては標準例に掲げる取扱いを参考としつつ判断する。
（中略）
　3　交通事故・交通法規違反関係
（1）酒酔い運転及び酒気帯び運転での交通事故
　　　ア　酒酔い運転又は酒気帯び運転で人を死亡させ，又は傷害を負わせた職員は，免職とする。
　　　イ　酒酔い運転又は酒気帯び運転で他人の財産等に損害を与えた職員は，免職又は停職とする。
（2）無免許運転での交通事故（略）
（3）速度違反（超過速度25km/h 以上）での交通事故
　　　ア　速度違反で人を死亡させた職員は，免職とする。
　　　イ　速度違反で人に重篤な傷害を負わせた職員は，停職とする。
　　　ウ　速度違反で人に傷害を負わせた職員は，停職又は減給とする。
　　　エ　速度違反で他人の財産等に損害を与えた職員は，減給又は戒告とする。
（4）その他の法規違反による交通事故（略）
（5）交通法規違反
　　　ア　酒酔い運転又は酒気帯び運転をした職員は，免職又は停職とする。
　　　イ　ア以外の悪質な交通法規違反をした職員は，停職，減給又は戒告とする。
（6）飲酒を勧める行為・飲酒運転車両への同乗（略）

　　（注）処分を行うに際しては，過失の程度や事故後の対応等も情状として考慮の上判断するものとする。

（出典）埼玉県教育委員会ホームページ
　　　　https://www.pref.saitama.lg.jp/documents/190518/3-2_sankou2.pdf

行われる。聴聞でも弁明の機会の付与でも（行手 15 条・30 条），⑦予定される不利益処分の内容，④不利益処分の根拠法令，⑦不利益処分の原因事実を通知しなければならない点は共通である。聴聞を行う場合には，これに加えて，④聴聞の期日・場所や，④聴聞に関する事務を所掌する組織の名称・所在地を通知する必要がある。弁明の機会の付与においては，④④に代えて，⑥弁明書の提出先・提出期限を通知する。

　食中毒を起こした飲食店に対する営業停止処分であれば，⑦営業停止 3 日間の処分，④食品衛生法 60 条 1 項，⑦令和 4 年 6 月 10 日午後 5 時過ぎに当該店舗で販売されたマグロの刺身が連日の暑さで腐敗しており，これを食した 3 人の客が病院で 2 日間の入院加療を要した，したがって，⑥××市保健所に対し同月 20 日までに弁明書を提出されたい，という具合である。

　原因事実の告知を欠いた聴聞の瑕疵は，不利益処分の取消事由になる（大阪地判昭和 55・3・19 行集 31 巻 3 号 483 頁〔ニコニコタクシー事件〕）。異なる原因事実に基づき処分を下すのならば，告知をもう一度やり直す必要がある。

iii　具体的な手続

　聴聞と弁明の機会の手続上の最大の違いは，弁明の機会が原則として書面審理であるのに対して，聴聞ではそれに加えて口頭審理まで実施される点である。したがって，弁明の機会は，弁明書と証拠書類等を提出してそれでおしまいである（行手 29 条 1 項 2 項。なお，行政庁が認めた場合には，口頭意見陳述を実施しても構わない）。処分の程度が軽い場合は簡略な手続で足りるけれども，処分の程度が重い場合は慎重な手続が要請されるという趣旨である。

　口頭審理においては，主宰者が重要な役割を有する（同法 19 条 1

図表 2　聴聞と弁明の機会の相違

	対象となる処分	審理の方法	調書の閲覧
聴　聞	許認可の取消し，資格・地位の剥奪	書面審理＋口頭審理	認められる
弁明の機会	相対的に軽微な不利益処分（業務停止，業務改善命令など）	書面審理	認められない

　項）。主宰者は，聴聞の期日において当事者・参加人に対し質問を発し，意見の陳述や証拠書類等の提出を促し，行政庁の職員に対し説明を求めることができる（同法20条4項）。行政庁から「一歩引いた」比較的公正・中立な立場で手続を執り行うのが，その務めである。主宰者は聴聞の審理の経過を記載した聴聞調書を作成するとともに，不利益処分の原因事実に対する当事者の主張に理由があるか否かに関する主宰者の意見を記載した報告書を作成し，行政庁に提出する（同法24条1項3項）。行政庁が不利益処分の決定をするときは，聴聞調書と報告書を十分に参酌したうえでこれを行わなければならず（同法26条），もしも主宰者と異なる見解を採る場合には，不利益処分に付される理由の中で説得力のある見解を示さなければならない（同法14条1項）。

　次に，聴聞においては，当事者や利害関係人に対して，行政庁が行った事案についての調査結果の調書その他不利益処分の原因となる事実を証する資料について，閲覧が認められている（同法18条1項）。行政庁が不利益処分の調書等を捏造したような場合においても，当事者らにその閲覧権が保障されていれば，調書の矛盾点を指摘することで（証拠の弾劾），でっち上げの原因事実に基づき不利益

処分が下されることを未然に阻止できるためである。その重要性に
かんがみると，弁明の機会の手続においても，運用上，可能な限り
調書の閲覧を認めていくことが望ましい（条例で弁明の機会において
も調書の閲覧を認めたものとして，大阪府行政手続条例 29 条）。

　むろん，手続保障が手厚いに越したことはないから，行政手続法
13 条 1 項 1 号イ・ロ・ハにおいて法定されている場合以外でも，
行政庁が相当と認めるときには，聴聞を行うことは差し支えない
（同号ニ）。

理由の提示

　行政庁が不利益処分をする場合には，名宛
人に対し，同時に当該処分の理由を示さな
ければならない（行手 14 条 1 項）。不利益処分を書面でするときに
は，理由もまた，書面において示す必要がある（同条 3 項）。**理由の
提示**が求められる趣旨は，申請に対する拒否処分の場合と同様であ
り，①行政庁の判断の慎重・合理性を担保してその恣意を抑制する
とともに，②処分の理由を名宛人に知らせて不服の申立てに便宜を
与えることにある。

　まず，①行政庁の恣意的判断の抑制とは，客観的にみて適切に説
明することができない根拠に基づいて不利益処分を下してはならな
いとする制約を課すことで，行政庁に対し，不利益処分を下すか否
か（決定裁量），下すとしていかなる程度の処分とするか（選択裁量）
について，十分な検討を行うことを間接的に求めていく趣旨である。
その際に問題となるのは，不利益処分の処分要件に適合するか否か
の判断（場合によっては，要件裁量が認められる）と，与えられた選択
肢の中で，いかなる処分を選択するかの判断（多くの不利益処分につ
いて，決定裁量・選択裁量をあわせた効果裁量が認められている）であり，
行政庁には，自身の策定した処分基準に照らして慎重を重ねた考慮

を行ったうえで，合理的な判断を下す義務が課せられる。

　次に，②不服申立ての便宜というのは，名宛人が審査請求や取消訴訟を提起して不利益処分の違法性を主張するときに，一体自分はいかなる理由によって不利益処分がなされたのかを知ることができれば，処分の違法性を主張する手がかりとなり，非常に役立つという趣旨である。審査請求や取消訴訟になれば，いずれ行政庁から拒否処分の理由は示されるのだが，処分と同時に理由が示されるのでないと，それまで名宛人は手探りで反論の準備を進めなければならない。不服申立ての便宜には，早い段階で不利益処分の理由を示すことで，争点を明確にし，名宛人と行政庁とで噛み合った議論を展開してほしいという訴訟経済上の意図が込められている。

コラム 2-4　　一級建築士免許取消処分事件

　それでは，行政庁にはどの程度の理由の提示が求められるのだろうか。耐震強度の偽装を行ったとして免許取消処分を受けた一級建築士がその取消しを求めた事案について，最判平成 23・6・7 民集 65 巻 4 号 2081 頁は，不利益処分において理由の提示が要求されている趣旨を①行政庁の恣意的判断の抑制と②名宛人にとっての不服申立ての便宜にあるとしたうえで，求められる理由の提示の程度は，当該処分の根拠法令の規定内容，当該処分に係る処分基準の存否および内容ならびに公表の有無，当該処分の性質および内容，当該処分の原因となる事実関係の内容等を総合考慮して決定すべきであり，処分基準が設定・公表されている場合には，処分の原因事実および根拠法条に加えて，処分基準の適用関係まで示されなければ，いかなる理由に基づいてどのような処分基準の適用によって当該処分が選択されたのかについて処分の相手方は知り得ないので，法が要求する理由提示の要件を欠いた違法な処分となると判示した。

コラム 2-5　　二当事者間の関係に限られない不利益処分

　本文の説明は，行政庁と処分の相手方の二当事者間の関係 タイプ2
を念頭に置いたものである。ところが，不利益処分においても，この
二当事者以外の第三者が登場人物に加わる場合がある。そもそも，不
利益処分というのは，公益を守るために行政庁がやむなく下す処分で
あり，「誰かのために」下されているという関係にある。自分の利益
を守るために，行政庁に対して不利益処分の発動を求める局面が，
タイプ4 である。行政手続法は，国民が法令違反の是正のために第三
者に対する不利益処分の発動を行政庁に求める手続として，処分等の
求め（行手 36 条の 3）の手続を定めている。

4　裁量判断の適否の審査手法

　行政裁量については，すでに「2　行政行為の実体的違法」にお
いて具体例を挙げて説明したが，ここであらためて説明を行うとと
もに，裁判所が行政庁の行った裁量判断の適否について審査を行う
場合の手法について確認しておく。

> **自由裁量と羈束裁量**

戦前の学説は，行政裁量を，自由裁量（便
宜裁量）と羈束裁量（法規裁量）へと区別し
た。自由裁量に属するものについては，裁判所の審査は及ばず，
「何が公益に適合するか」について，行政は自由に判断することが
認められるとされた。これに対して，羈束裁量とは，「何が法であ
るか」についての裁量であって，その限りで裁判所の審査が及ぶと
された。

　自由裁量がいかなる場合に認められるかについては，学説が対立
していた。佐々木惣一が要件規定の解釈や充足の段階に裁量を認め

たのに対し（要件裁量説），美濃部達吉は，自由裁量は行政庁が当該行為を行うか否かの段階に認められるとした（効果裁量説）。特に有名なのが，①国民の権利や自由を制限する行為については自由裁量は否定されるのに対して，②国民の権利や自由と関係がない行為や，③国民に権利・利益を付与する行為には原則として自由裁量が認められるとする美濃部三原則であった。

　現在では，行政裁量を自由裁量と覊束裁量へと区別する議論はほとんどみられなくなっており，裁量権の逸脱・濫用の有無については裁判所の審査が及び，逸脱・濫用が認められれば当該行為は裁判所によって取り消されるという点で（行訴30条），学説は一致している。むしろ，争点は，いかなる程度まで裁量判断に対し踏み込んだ審査を行うか（踏み込みの度合いのことを，「審査密度」という），いかなる点に着目して裁量判断の適否を審査するかに移っている。

裁量基準を手がかりとした審査

要件裁量への認定が裁量基準（審査基準，処分基準）を用いて行われる場合には，裁判所の審査も，裁量基準を手がかりとして行われる。例えば，申請に対する処分について，裁判所が裁量判断の適否を審査する場合には，①行政庁が裁量権の行使に際して依拠した審査基準それ自体の合理性，および，②審査基準へのあてはめの合理性について審査することになる（最判平成4・10・29民集46巻7号1174頁〔伊方原発判決〕）。

判断代置と社会観念審査

裁判所が裁量判断の適否に対してどこまで踏み込んだ審査を行うかという視点から区別されるのが，**判断代置**と**社会観念審査**である。例えば，職員 X に対して，地方公務員法29条1項に基づき，任命権者が停職6か月の懲戒処分を下したとしよう。X から処分の

取消訴訟が提起され，裁判所は審理の結果，「自分ならば停職 3 か月の処分を下すけれども，任命権者の立場に立つと，社会観念上，停職 6 か月という判断も許容範囲内である」と考えたとする。

　このとき，任命権者（行政）の判断を裁判所自身の判断に置き換えて（代置して），審査を行うのが，判断代置の手法である。この事例では，裁判所自身の判断では停職 6 か月は重すぎることになるから，比例原則に違反するとして処分を取り消すという結論になる。それに対して，社会観念審査の手法では，社会観念上，当該処分が許容される範囲内であるかに着目して審査が行われる。この事例では，社会観念上，6 か月の停職処分も許容範囲内であるので，処分は取り消さないという結論になる。

　神戸税関事件において最判昭和 52・12・20 民集 31 巻 7 号 1101 頁は，裁判所が懲戒処分における裁量判断の適否を審査する際には，判断代置ではなく，社会観念審査の方法を採ることを明らかにした。裁判所は行政ではない以上，権力分立の見地から，一歩引いた立場で審査を行うべきというのがその趣旨とされるが，単なる行政判断の追認に陥っているという強い批判がある。

> 判断過程統制

裁量判断の適否を審査する際に，いかなる点に着目するかという手法において注目されるのが，**判断過程統制**と呼ばれる手法である。判断代置と社会観念審査が裁量判断の実体的側面に着目した審査手法であったのに対して，判断過程統制は，裁量判断の過程（プロセス）という手続的側面に着目した審査手法である点が特徴といえる。

　日光太郎杉判決（東京高判昭和 48・7・13 行集 24 巻 6 = 7 号 533 頁）は，「事業計画が土地の適正且つ合理的な利用に寄与するものであること」（収用 20 条 3 号）という要件が充足されるとした建設大臣

（当時）の裁量判断の適否が争われた事案であった。

　東京高裁は，「本来最も重視すべき諸要素，諸価値を不当，安易に軽視し，その結果当然尽すべき考慮を尽さず，または本来考慮に容れるべきでない事項を考慮に容れもしくは本来過大に評価すべきでない事項を過重に評価し，これらのことにより……判断が左右されたものと認められる場合には，……裁量判断の方法ないしその過程に誤りがあるものとして，違法となる」という一般論を呈示した。

　そのうえで，この土地付近の持つかけがえのない文化的諸価値ないしは環境の保全という本来最も重視すべき事柄を不当，安易に軽視し（考慮不尽），オリンピックの開催に伴う自動車交通量増加の予想という，本来考慮に容れるべきでない事項を考慮に容れ（他事考慮），かつ，暴風による倒木の可能性および樹勢の衰えの可能性という，本来過大に評価すべきでない事柄を過重に評価したという点で，裁量判断の方法ないし過程に過誤があるとして，事業認定を違法であるとして取り消したのである。判断過程統制の手法は，呉市教研集会事件にかかる最判平成 18・2・7 民集 60 巻 2 号 401 頁などで最高裁も採り入れている。

5　様々な行政行為

| 伝統的な分類 |

行政行為の伝統的な分類は，下記**図表 3**の一覧表のようにまとめられる。ただし，実定法上の用語と講学上の用語は必ずしも一致しないので，注意が必要である。特に講学上の「特許」や「認可」は，実定法上，「許可」と定められている場合が少なくない。

　法律行為的行政行為とは，行政庁の意思によって行政行為の効果

図表3　行政行為の分類

行　政　行　為		
法律行為的行政行為		準法律行為的行政行為
命令的行為	形成的行為	
①下命（せよ） ②禁止（するな） ③許可（して良い） ④免除（しなくて良い）	⑤特許 ⑥認可 ⑦代理	⑧確認 ⑨公証 ⑩通知 ⑪受理

①下命：国民に一定の作為義務を負わせる行為。固定資産税の賦課処分，違法建築物の除却命令，業務改善命令など。

②禁止：国民に一定の不作為義務を負わせる行為。営業停止命令など。

③許可：法令で一般的に禁止されている不作為義務を個別的に解除する行為。飲食店の営業許可，自動車の運転免許など。

④免除：法令で一般に課されている作為義務を解除する行為。就学義務の免除など。

⑤特許：国民が本来有していない法的地位を新たに付与する行為。道路・河川の占用許可，鉱業権の設定など。

⑥認可：国民の法律行為を補充し，その法律上の効力を完成させる行為。農地転用の許可，公共料金の認可など。

⑦代理：第三者のなすべき行為を行政機関が代わって行い，第三者が行ったのと同一の効果を発生させる行為。主務大臣による独立行政法人の役員の選任など。

⑧確認：ある事実や法律関係について疑いや争いのある場合に，その存否・成否を確定ないし認定する行為。当選人の決定，恩給の裁定など。

⑨公証：ある事実や法律関係について疑いも争いもない場合に，その存在を公に証明する行為。選挙人名簿への登録，不動産の移転登記など。

⑩通知：特定の事項を特定・不特定多数の者に知らせる行為。行政代執行の戒告など。

⑪受理：他人の行為を有効な行為として受け付ける行為。不服申立ての受理など。

が左右されるものを指す。これに対して，準法律行為的行政行為とは，法律がある事実行為に対して効果を与えているにすぎず，行政庁の意思が行政行為の効果に影響を及ぼしているわけではないものを指す。ただし，事実行為との区別がつかないものが少なくない。

　近年では，行政行為の機能に着目して，私人に対して作為・不作

為を命じる行為（従来の下命・禁止など）を命令行為，私人に対して法的地位を設定する行為（従来の特許など）を形成行為，法律関係を確定させる行為（従来の確認）を確定行為と呼ぶ分類法が提唱されている（塩野・行政法Ⅰ）。

これに対して，先述した「申請に対する処分」（行手2条3号）と「不利益処分」（同条4号）の分類は，行政手続法が採用した実定法上の分類である。

行政行為の伝統的な分類が実定法の解釈に直結するわけではないけれども，解釈の手がかりとして頭に入れておくことは，なお有用である。いくつかの例を挙げて説明してみよう。

> **許　可**

食品衛生法の営業許可は，講学上の「許可」の典型例である。「**許可**」とは，本来人間に備わっている自由を取り戻す行為であり，「一般禁止の特定解除」などと表現される。人間は本来自由に行動できる主体であって，憲法が自己決定権・幸福追求権（憲13条），表現の自由（同法21条1項），居住・移転・職業選択の自由（同法22条1項）を明文で保障しているのは，その表れである。

しかし，いくら人間に本来的自由が備わっているとはいえ，好き放題に飲食店の営業を許すと衛生管理が不十分なところが出てきてしまい，食中毒によって客の生命・身体が脅かされることにもなりかねない。そこで立法者は，すべての人に対して一般的に飲食店の営業を禁止しておき，適切な衛生管理を保障できる者に対してのみ，禁止を解除するという仕組みを導入したというわけである。

講学上の「許可」の例は数多く，飲食店の営業許可のほか，都市計画法に基づく開発許可，道路交通法に基づく自動車の運転免許など，様々なものがある。

特　　許	許可に対して，私人にもともと備わっていない権利を創設的に付与するのが講学上の

「**特許**」である。道路・河川の占用許可，公有水面の埋立免許，鉱業権の設定，電気・ガス・鉄道事業の許可などが，その例として挙げられる（なお，特許法上の「特許権の付与」とは意味が異なる）。

　講学上の「特許」に該当するとされるのは，もともと一般公衆に広く利用されるべきものであって，国（行政）が管理するのが相応しいと考えられるものである。河川の占用許可や公有水面の埋立免許についていえば，河川や公有水面は一般公衆の利用に供されるものであって，独占的な利用には適さない。もし何らかの必要があって，特定私人に対して例外的に利用権を付与する場合には，本来的自由に関わる問題ではないから，どのような観点から誰に特許を与えるのか，行政庁は比較的自由に判断できるという具合である。

　エネルギー・交通事業における事業者への許可は，「公企業の特許」と呼ばれてきた。こうした事業は，伝統的に国の任務であると解されてきたからである（自然独占）。現在でも，インフラ事業の許可を得た事業者は，特定の地域で独占的な営業をすることができる一方で，利用者との間での契約締結が強制されること，料金が認可制に服することなど，様々な制約がかけられる。

　しかし，時代の変化により，これらの事業を本来的に国家のなすべき事業であると解する必要性は失われてきており，新規参入も比較的容易に認められるようになってきた。近年では，インフラ事業の許可に対して伝統的な「特許」の法理をそのまま適用することは妥当でないという批判が有力である。

> ### コラム 2-6 　行政裁量への影響
>
> 　講学上の「許可」と「特許」の違いは，行政裁量の広狭に影響する
> といわれる。飲食店の許可ならば，本来私人に保障されているはずの
> 営業の自由（憲22条1項）を回復させる行為であるから行政裁量は
> 狭くなるのに対して，公有水面埋立免許に関しては，もともとそのよ
> うな権利を私人が有しているわけではないから広汎な行政裁量が認め
> られるというのである。ただし，伝統的な「特許」の概念の揺らぎに
> 伴い，こうした考え方がそのまま当てはまる例はそう多くはない。

認　　可　しばしば「許認可」などと一緒にされるが，
講学上の許可と認可はだいぶ性質が異なる
行為である。「**認可**」とは，私人間で行われた法律行為の効力を補
充して完成させる行為のことを意味する。

　農地の所有権等を移転するときには，農業委員会の許可（農地3
条1項）を受ける必要があるところ，これに違反してなされた農地
の売買は，私法上も絶対無効である（同条6項）というのが，講学
上の「認可」の典型例である。私法上の効力を無効にするか否かは
解釈によって定まる問題であり，別に明文の規定が置かれていなく
とも構わない。ある行政法規を遵守させるために，その違反に対し
てどの程度の制裁を加えるかという問題として理解することも可能
であろう（最判昭和30・9・30民集9巻10号1498頁〔煮干いわし事件〕
と最判昭和35・3・18民集14巻4号483頁〔食肉取引事件〕）（→本編第6
章3）。
⇒145頁

　その他，インフラ事業におけるサービスの対価（いわゆる「公共料
金」）の設定についても，所管官庁の認可が必要とされる例が数多
くみられる。特定地域でインフラ事業を独占的に営む企業は，その

まま放っておくと利用者の弱みに付け込んで料金をいくらでも吊り上げることができるので，押さえをかける必要があるからである。

6　行政行為の瑕疵

取消しと無効

行政行為の瑕疵は，その程度に応じて，①当然無効となるほど重大な「無効の瑕疵」，②取り消されるまでは効力を有する「取り消し得る瑕疵」，さらには，③瑕疵はあるけれども取り消すまでのことはない「軽微な瑕疵」へと分けられる（事後的な瑕疵の治癒について，最判昭和 36・7・14 民集 15 巻 7 号 1814 頁，最判昭和 47・12・5 民集 26 巻 10 号 1795 頁）。

　民法でいう「無効の瑕疵」と「取り消し得る瑕疵」の区別と同様に考えて構わないが，行政行為の場合，無効と取消しの区別は大きな違いをもたらす。というのも，②「取り消し得る瑕疵」があるにとどまる行政行為については，職権ないし争訟（審査請求，取消訴訟）を通じて取り消されるまで，裁判所も一旦なされた行政行為を有効なものと扱わなければならないからである。行政行為が一旦行われると，多くの人々に影響を及ぼすので，簡単に効力を覆滅することは許されないという法的安定性の要請が，その理由とされる。

職権取消しと争訟
取消し

行政行為を取り消す方法には，**職権取消し**と**争訟取消し**がある。職権取消しというのは，行政行為に不満を持つ者（申請者，名宛人やそれ以外の第三者）からの働きかけがなくとも，その行政行為を行った行政庁自身の意思で，当該行政行為を取り消すことを指す。

　これに対して，争訟取消しというのは，行政行為に不満を持つ者から審査請求や取消訴訟などが提起されて，その結果として裁決や

判決が下されることにより，その行政行為を行った行政庁の意思にかかわらず，当該行政行為が取り消されることを指す。

| 無効となる場合 ——重大明白説 |

しかし，瑕疵の内容が重大かつ明白であって，一旦なされた行政行為を前提として形成された法関係に対する人々の信頼を保護する必要がないような局面では，法的安定性の要請をそれほど遵守する必要もない。それが，①行政行為が無効の瑕疵を帯びている局面であって，一般には，瑕疵の重大性が誰の目にも明らかである場合を指すとされる（**重大明白説**）。

その典型例が，家が建っている土地を農地であると誤認して行われた農地買収処分である。このような場合，瑕疵の重大性が誰の目にも明白である以上，農地買収処分の効力は疑ってかかるべきであり，農地買収処分が有効であると信じるような不注意な人間は保護されない。すなわち，民事訴訟を審理する裁判所が，農地買収処分を「無いもの」として判決を下すことも許されるというわけである。

なお，①行政行為の無効をもたらす瑕疵の程度として，その重大性だけでなく明白性まで必要であるか，それとも瑕疵の重大性だけで足りるかについては争いがある。明白性の要件は当事者以外の第三者を保護するために求められるので，行政庁と相手方だけの二面関係が問題となるような課税処分などでは明白性は不要であるとする見解も有力である（最判昭和 34・9・22 民集 13 巻 11 号 1426 頁，最判昭和 48・4・26 民集 27 巻 3 号 629 頁参照）。

7　行政行為の取消しと撤回

| 行政行為の取消し |

行政行為の取消しについてあらためて確認すると，行政行為に最初から備わっている瑕疵を理由に，その効力を失わせることと定義される。自動車の運転免許において，申請者の学科試験の点数が足りなかったのに，事務局のミスで合格点を取ったものと扱ってしまい，免許（講学上は「許可」）が付与されたとする。この申請者には元々免許を付与してはいけなかったわけで，あとになって公安委員会が免許の付与が誤りであったことを認めて，その効力を失わせることが，行政行為の取消しである（さらに，この設例は，その中でも職権取消しへと分類される）。最初から免許の要件を充足しておらず，与えるべきではなかった免許を取り消す場合であるため，取消しの効力は遡及する。つまり，最初から免許が付与されていなかったという扱いになる。

| 職権取消しの判断枠組み |

法律による行政の原理を貫徹するならば，違法な行政行為が存在することは許されないから，職権取消しは認められるというのが原則である。しかし，違法とはいえ一旦行われた行政処分によって生じた相手方等の信頼を保護すべき場合もあることから，その調整原理が問題となる。一般論を言えば，職権取消しは，その効果を維持することによって生ずる不利益がこれを取り消すことによって生ずる不利益と比較して重大であり，その取消しを正当化する公益上の必要があるときに認められるという利益衡量の判断枠組みによることが適切であろう（最判昭和 43・11・7 民集 22 巻 12 号 2421 頁，最判令和 3・6・4 民集 75 巻 7 号 2963 頁）。

| 行政行為の撤回 |

これに対して，**行政行為の撤回**とは，行政行為に後発的に生じた事情を理由に，その効力を失わせることをいう。運転免許の設例でいえば，申請者は実技試験も学科試験も適式にパスして，免許の付与時にはその要件が備わっていたところ，あまりにも乱暴な運転が多かったため，違反点数の累積により免許が取り消されるような場合である。なお，講学上は「撤回」であるが，実定法上は「取消し」という言い回しが用いられるので，注意しなければならない。この場合，免許が付与されてから取り消されるまでの期間は，その効力は有効である。つまり，行政行為の撤回の効力は遡及せず，免許が取り消されるまでの運転は適法ということになる。

| 法律の根拠のない
撤回の可否 |

法律の根拠なく行政行為を撤回することはできるのかについては，争いがある。相手方の不利益になる以上，侵害留保説からいけば，法律の根拠が必要なようにも思えるが，行政行為の根拠が法律に定められている場合，その中に撤回を行うことまで授権されていると考えて，撤回を行うことを認めるのが通説である。旧優生保護法の指定医師の指定取消しについて争われた菊田医師事件において，最判昭和 63・6・17 判時 1289 号 39 頁は，撤回を行ううえでは法令の根拠は必ずしも必要ではないとした。

この判決では，撤回の判断枠組みについても，撤回の必要性がそれによって生じる不利益を上回る場合には撤回が許されるという，職権取消しの場合と同じような利益衡量の枠組みが提示されている。「それによって生じる不利益」については，授益的処分の撤回により不利益を受ける第三者のことを考慮する必要がある。

目的外使用許可の
撤回と損失補償

最判昭和 49・2・5 民集 28 巻 1 号 1 頁は，
行政財産の目的外使用許可を撤回する局面
では，損失補償が要請され得ることを示唆
した（ただし，当該事案の解決としては損失補償の必要性を否定した）。

8　行政行為の効力

公定力（取消訴訟の
排他的管轄）

行政行為に「取り消し得る瑕疵」がある場
合であっても，民事訴訟を審理する裁判所
は（裁判所でさえ），その効力を「無いも
の」として扱うことは許されない。職権ないし争訟によって取り消
されるまで，行政行為は有効なものとして扱わなければならないの
である。取消訴訟という，行政処分の瑕疵の有無に絞って争う特別
な訴訟を通じてでなければ，裁判所であっても，行政処分の効力を
否定できないことを指して，**「取消訴訟の排他的管轄」**あるいは行政
行為の**「公定力」**と呼ぶことがある。

執 行 力

行政庁は，行政行為の適法性について裁判
所の判断を要することなく自力執行するこ
とができる。この効力のことを**執行力**と呼ぶ。租税債権の滞納処分
などが自力執行の典型である。

不 可 争 力

行政行為に瑕疵がある場合でも，取消訴訟
を提起してその違法性を争うことができる
のは，処分または裁決があったことを知った日から 6 か月以内に限
られる（行訴 14 条 1 項）。この事象を指して，行政行為には**「不可争
力」**が備わっていると呼ぶことがある。出訴期間を過ぎると，当該
行政行為の違法性を争う手段は，その瑕疵が重大かつ明白であるこ

とを主張する以外になくなる。

| 不可変更力 |

争訟裁断的な性格を持つ行政行為については、法的安定性の見地から、当該行政行為を下した行政庁自身であっても、事後的にその内容を変更することは制限される。これを行政行為の「**不可変更力**」と表現する。具体的には、審査請求に対する裁決などを指す。

9 行政行為の附款

　営業許可を行う際、5年間といった有効期間を付けることがある。このように、法律に定められた以外の内容を行政行為に付け加えることを、**附款**と呼ぶ。附款には、条件、期限、負担、撤回権の留保がある（塩野・行政法 I ）。

　条件は、行政行為の効力の発生・消滅を発生不確実な事実にかからしめるものであり、民法の条件と同様に考えてよい。会社の成立を条件として許可を行う（停止条件）、一定期間内に工事に着手しなければ許可が失効する（解除条件）といった内容がある。

　期限は、行政処分の発生・消滅を発生確実な事実にかからしめるものである。許可に際して5年の有効期間を付けるのが、その例である。

　負担は、許可などに際して、一定の義務を付け加えるものである。道路の占用許可に当たり占用料の納付を命じたり、道路上での集団示威行進を許可するに当たり蛇行進をしてはならないといった要件を課すことが、これに当たる。一般には、「許可に条件を付す」と表現されることがあるので、注意しなければならない。

　撤回権の留保は、許可などを行う際に、あらかじめ撤回を行うこ

とがあることを宣言する附款である。ただし，撤回権の留保が明示されていなくとも撤回を有効に行うことは可能であるし，逆に撤回権が明示的に留保されていても，撤回が制限されることはあり得る。

　附款の内容が違法であると考えた場合，附款だけを取り出して取消訴訟を提起することも許される。ただし，附款が行政行為の重要な一部を構成しているときは，附款だけを取り出して取消訴訟を提起することは許されず，当該行政行為全体について取消訴訟を提起する必要がある。

第 *2* 章

行政基準，行政計画

本章では，行政基準と行政計画を扱う。かつての行政法学のモデルでは法律に基づいて行政行為を行うということが想定されていた。政令や省令のような行政基準と環境基本計画や都市計画のような行政計画は，いずれも，行政機関自身によって策定される準則である。

1 行政基準

(1) 行政基準の種類

行政基準　行政活動を行ううえで，行政機関の行動の準則を示しているのは，憲法や法律であるが，行政機関自身の手によって定められている基準も行政活動の準則となる。伝統的には**行政立法**と呼ばれてきたが，ここではそれらを**行政基準**と呼んで概説する。行政基準は大きく分けると**法規命令**と**行政規則**に分けられる。

行政基準の機能　国家活動のすべての基準を法律で定めることができればそれに越したことはないのだが，行政国家と呼ばれるように，国家が行う行政活動の範囲が拡大すると，議会が法律で行政活動のすべての細目を定めることは困難となった。そこで大枠を定めるだけで細部は行政機関に委任する法

図表4　行政基準の種類

律が現れるようになり，現在では，法律に基づいて多くの行政基準が定められるに至っている。また法律の委任がなくても，法律解釈上疑義が生じる事項に関して，行政機関が自主的に解釈の基準を作成し，それを通達やガイドラインによって国民に示すということが行われている。このような行政基準は国民に対して行政機関の行動方針を事前に提示する機能を持ち，現代の行政において重要な役割を果たしている。

（2）　法規命令

（a）　法規命令の種類

法規命令とは

法規命令とは法規たる性質を持つ命令のことを指す。法規とは国民の権利義務に関する規範という意味であるが，おおむね行政機関が定める規範で国民を拘束するような外部効果を有しているものを法規命令と呼ぶ。つまり国民に対する関係でも法的拘束力を持つ法として機能するような行政機関が定める基準が法規命令である。

　法規命令の例としては，○○法施行令，○○法施行規則といった名称で定められる，政令や省令が挙げられる。原子力規制委員会のような外局の規則，人事院のような独立機関の規則，地方公共団体

の長が定める規則もこれに当たる。

| 委任命令と執行命令 |

法規命令の種類としては，**委任命令**と**執行命令**の２つがある。法律の委任に基づいて定められる法規命令を委任命令と呼ぶ。委任命令では法律の委任の範囲内で国民の権利義務の内容を定めることができる。例えば，○○法という名称の法律で「政令で定めるもの」を規制対象として，○○法施行令という名称の政令でその規制対象を具体的に規定するというような形で定められる。逆に言えば，法律の法規創造力により，法規命令として国民の権利義務の内容を定める場合は，必ず法律の委任に基づいていなければならない。戦前には法律の委任に基づかずに発せられる法規命令として，勅令のような独立命令があるとされていたが，現在では行政機関が独立命令を定めることはできないとされる。

　執行命令は，申請書の書式を定めるような，国民の権利義務の内容を実現する手続を定めるものを指す。執行命令は国民に対する関係で外部効果を持つが，権利義務の内容そのものを定めるものではないので，執行命令を定める場合には法律の委任は不要である。

コラム2-7　命　令

　法規命令という語で用いられている**命令**とは，国の行政機関が制定する法規範という意味である。内閣が定める政令，各省大臣が定める省令，内閣府令などがこれに該当する。ここでいう命令は国会が定める法律に対応する概念である。行政手続法２条１号・８号イで「法律に基づく命令」という概念が現れるが，そこでの命令の語もこのような法規範を指している。

　これに対し，個別の行政処分についても営業停止命令というように

命令という名称が用いられることがあるが，これは行政基準として言及される命令とは異なるものである。

（b）　委任立法への法的統制

委任立法に対する
法的救済

○○法施行令のような委任命令についてその規制内容の適法性が，訴訟で争われることがある。**委任立法**という語は委任を行う法律のことを指して用いる場合と，委任によって定められた委任命令のことを指して用いる場合がある。

　法律も命令もそれ自体は処分ではないので取消訴訟の対象とはなりがたいが，委任立法に基づいて為された処分に対する取消訴訟の中で，それぞれの合憲性，適法性が争われる。委任命令の適法性について原告に確認の利益があれば，当事者訴訟によって地位の確認という形で争われる場合もある（最判平成 25・1・11 民集 67 巻 1 号 1 頁〔医薬品ネット販売訴訟〕）（→第 3 編第 2 章 6 (2)参照^{⇒207頁}）。

　裁判所は委任を行う法律と委任に基づいて定められた命令に対して，それぞれ以下のような観点から審査を行っている。

白紙委任の禁止

国会の立法権のすべてを内閣総理大臣に委任するというような法律を定めると，国会を「国の唯一の立法機関」と定めた憲法 41 条は完全に空洞化してしまう。このようなあまりにも抽象的な委任規定を定める法律は白紙委任を行うものであり，当該規定は違憲となる。問題となるのは法律でどのくらい具体的な委任規定を定める必要があるかだが，大阪高判昭和 43・6・28 行集 19 巻 6 号 1130 頁は，「法律が命令に委任する場合には，法律自体から委任の目的，内容，程度などが明ら

かにされていることが必要」としている。国家公務員法 102 条 1 項
は国家公務員に禁止される政治的行為を広範に人事院規則に委任し
ているが，判例は憲法に違反しないとしている（最判昭和 33・5・1
刑集 12 巻 7 号 1272 頁）。また，番号法旧 19 条 14 号および 16 号（現
15 号および 17 号）は白紙委任ではないとされた（最判令和 5・3・9 裁
判所ウェブサイト）。

> **委任命令の適法性**

白紙委任の禁止は法律に対する憲法上の要
請である。これに対し，法律の委任規定は
合憲であるとしても，委任を受けて定められた○○法施行令のよう
な委任命令が委任の範囲を超えたとして違法とされる場合がある。
例えば，農林水産省令によりラッコおよびオットセイの漁獲を禁止
することができる旨を定めている臘虎膃肭獣猟獲取締法 1 条 1 項
の規定に基づいて定められる委任命令たる省令において，農林水産
大臣の判断により規制対象にラッコとオットセイの他に鹿や熊を追
加すると，法律で委任された範囲を超えた違法な省令となる。行政
手続法 38 条 1 項は，「命令等がこれを定める根拠となる法令の趣旨
に適合するものとなるようにしなければならない」として，命令が
法律の委任の範囲内で定められるべきことを確認している。

> **判 例**

判例としては，委任命令が委任の範囲を超
えたことを理由に違法とされたものとして，
旧所有者への農地の売払いの制限を定めた農地法施行令が農地法の
委任の範囲を超えたとされた最大判昭和 46・1・20 民集 25 巻 1 号
1 頁，14 歳未満の者に在監者との接見を認めていなかった旧監獄法
施行規則が旧監獄法の委任の範囲を超えているとされた最判平成
3・7・9 民集 45 巻 6 号 1049 頁（監獄法施行規則事件），法人税法施
行令の規定の一部が法人税法の委任の範囲を逸脱した違法なもので

あるとされた最判令和 3・3・11 民集 75 巻 3 号 418 頁がある。これ
に対し，最判平成 2・2・1 民集 44 巻 2 号 369 頁（銃砲刀剣類登録規
則事件）では，外国製刀剣について所持のための登録を認めていな
かった銃砲刀剣類登録規則が銃砲刀剣類所持等取締法の委任の範囲
内であるとされた。これらの判例では，法律の趣旨目的，関連規定，
文理によって委任の適法性が判断されている。また，医薬品の郵便
等販売の禁止を定めた旧薬事法施行規則の適法性が争われた最判平
成 25・1・11 民集 67 巻 1 号 1 頁（医薬品ネット販売訴訟）では，最
高裁は，郵便等販売の禁止が憲法の職業選択の自由への制約になる
ことを理由に，法律から授権の趣旨が明確に読み取れることも求め
ている。

　最判令和 2・6・30 民集 74 巻 4 号 800 頁（ふるさと納税訴訟）では，
ふるさと納税制度が適用される地方団体の制限を定める総務省告示
が，地方税法の委任の範囲を超えているとされた（告示の性質につい
てはコラム 2-8 を参照）。当該告示は国と自治体との関係を定めるも
のなので，厳密に言えば行政規則に該当するものだが，判例は法律
に委任規定が存することから委任命令に対するのと同様の判断枠組
みを用いている。

　私見では委任命令の適法性については，①上位の法令との適合性
と②命令自体の合理性の 2 段階審査で委任命令の適法性を審査する
べきであると考える。

(3)　行 政 規 則

(a)　定　　義

> 行政規則とは

行政規則とは，行政機関の定立する定めで
国民の権利義務に関係する法規たる性質を

図表5　行政規則と法規命令の位置付け

	国民の活動に関係する定め	行政組織に係る定め
国民を法的に拘束する	法規命令	①
国民を法的に拘束しない	②	典型的な行政規則

有しないものをいう。実務上は，**訓令，通達，通知，規程，要綱，ガイドライン**といった様々な名称で定められている。行政規則を定めるのに法律の根拠は不要であるとされる。

　伝統的な理解では，典型的な行政規則は行政組織内部の定めであり，行政機関を拘束するが，一方で，国民の権利義務に直接影響するような外部効果は持たないとされていた。ここで言う外部効果とは国民や裁判所を拘束する法として機能することを指す。典型的な行政規則と法規命令の位置付けを示すと**図表5**のようになる。

　行政規則の外部化　　**図表5**の①②の部分も法規命令ではないので，行政規則に該当する。これに関わり，以下のような形で**行政規則の外部化**という現象が言及されている。外部化と呼ばれるものの態様は一様ではないが，まとめると以下のようになる。

　まず**図表5**の①の部分に該当する，省令で定められるような行政組織に関する定めは定義上は行政規則に該当するが，所掌事務外の行政行為が瑕疵を有するように，組織規範であっても国民に対して裁判規範として機能する外部効果を持つ。この命題については現在では争いはない。

　上の議論とは文脈が異なるが，**図表5**②の部分に該当する，金融庁が発する一部のガイドラインのような法的拘束力を有していない事業者の活動の指針類も，定義上は行政規則に該当する。国税庁長官から各国税局長に発せられた国税に関する法令解釈通達のような典型的な行政規則であっても，行政機関がそれに従って行動することが想定されるので，実際上は国民生活に対する影響が大きく，事実上②の位置で機能するという外部効果が語られることもある。いずれにせよ，通達による行政という言葉があるように，通達やガイドラインに国民は従っていることがほとんどであるのは確かである。

（b）　行政規則の種類

| 行政組織に関する定め |

政令，省令，訓令といった形式で定められる省の内部部局に関する定めのような行政組織規定は，性質上は行政内部の定めであるので行政規則に分類されるが，上述のように拘束的なものであれば外部効果を有する。

| かつての特別権力関係における定め |

国立学校の学則のように，かつて特別権力関係と呼ばれた法律関係の内部の定めは行政規則に該当する。もっとも学則違反の懲戒処分が違法とされるようにこれらも裁判規範として機能するので，現在ではその限りで外部効果が認められている。特別権力関係内部の関係を行政組織内部と同視するならば，上の**図表5**①に該当するということになる。

| 解　釈　基　準 |

法令解釈の統一のために上級行政機関が下級行政機関に対して発する基準を**解釈基準**と呼ぶ。全国での課税の統一を図るため国税庁長官が各国税局長に対して発する法令解釈通達が典型例である。後述の裁量基準との対

比で，行政法学上，解釈基準と言う場合，行政機関に裁量が認められない場合に関する基準を指す。解釈基準は行政機関内部の基準であり，国民や裁判所はそれに拘束されないとされる。最判昭和43・12・24 民集 22 巻 13 号 3147 頁は，旧厚生省の墓地，埋葬等に関する法律の解釈を示した通達に関して，「一般の国民は直接これに拘束されるものではなく，……裁判所は，法令の解釈適用にあたつては，通達に示された法令の解釈とは異なる独自の解釈をすることができ」るとしている。

裁量基準

行政機関に裁量が認められている場合に，あらかじめ行政機関自身が裁量権行使に関する準則として定めた基準を**裁量基準**と呼ぶ。「○○の場合は 1 か月の営業停止命令。△△の場合は免許取消し」というような，行政庁に行政裁量が認められる場合での，違反をした事業者に対する不利益処分の基準がその例である。また行政指導に関して地方公共団体が定める**宅地開発指導要綱**や，給付行政に関わって定められる**要綱**のような形式で定められる**給付規則**と呼ばれるものもこれに該当する。

裁量基準の拘束力

裁量基準は行政機関の内部基準である行政規則であるので，性質から言えば，国民や裁判所がそれに拘束されることはない。だが，裁量基準が存在する場合，行政機関はそれに従って行動することが予想されることから，**行政の自己拘束**として，行政機関には基準通りに行動することが求められる。学説においては，いったん裁量基準が示されたならば，行政機関が裁量基準から離れた処分をするには合理的理由が必要であるとの立場が有力である。最判平成 27・3・3 民集 69 巻 2 号 143 頁は，行政手続法 12 条 1 項に基づいて定められた処分基準につい

て，行政庁が「当該処分基準の定めと異なる取扱いをするならば，裁量権の行使における公正かつ平等な取扱いの要請や基準の内容に係る相手方の信頼の保護等の観点から，当該処分基準の定めと異なる取扱いをすることを相当と認めるべき特段の事情がない限り，そのような取扱いは裁量権の範囲の逸脱又はその濫用に当たることとなる」として裁量基準に一種の拘束力を認めるかのような扱いをしている。つまり**図表5**の②の位置で機能する裁量基準に，法規命令ほどではないが一定程度の裁判規範性を認めているのである。

> ### コラム 2-8　　様々な行政基準の性質
>
> 　行政機関は**告示**（行組 14 条 1 項）やガイドラインといった様々な形式で基準を示しているが，それらの行政法上の性質は解釈論上の問題となる。行政基準として機能する告示やガイドラインの法的性質については，法律の委任に基づく委任命令と解釈されるものは法的拘束力を持つ法規命令であるが，そうでない場合は行政規則である。また，告示には行政行為や単に事実を公示する事実行為と解されるものもある。最判平成 2・1・18 民集 44 巻 1 号 1 頁は告示の形式で定められる学習指導要領の法的拘束力を認めている。

（c）　行政規則に対する救済

行 政 訴 訟

行政規則は国民を法的に拘束するものではないので取消訴訟の対象となる処分ではない。よって，行政規則である通達に対する取消訴訟は認められず，通達で示された法律解釈に不満がある場合は，それに従った処分が行われるのを待って当該処分に対する取消訴訟を提起する必要がある（最判昭和 43・12・24 民集 22 巻 13 号 3147 頁）（→**コラム 3-3** 参照）。⇒158 頁

訴訟要件を充たしていれば処分に先がけて差止訴訟を提起することも可能であろう。また，当該行政規則の適用を受けない地位の確認などの形で当事者訴訟で争うことができると考えられる。

（4）　行政手続法の意見公募手続

パブリックコメント　行政手続法は行政基準を策定するための手続として，**意見公募手続**を定めている。意見公募手続の対象となるのは「命令等」（行手 2 条 8 号）であるが，これは，法律に基づく命令（処分の要件を定める告示を含む）または規則と，行政手続法上の審査基準，処分基準，行政指導指針を指す。

　行政手続法は，命令等制定機関（同法 38 条 1 項）が命令等を定める際に意見公募手続を行うことを求めている。これは一般には**パブリックコメント**と呼ばれる。命令等制定機関は，命令等を定めようとする場合には，当該命令等の案およびこれに関連する資料をあらかじめ公示し，意見の提出先および意見の提出のための期間を定めて広く一般の意見を求めなければならない（同法 39 条 1 項）。意見提出期間は 30 日以上でなければならないとされる（同条 3 項）。命令等制定機関は，提出された意見を十分に考慮しなければならず（同法 42 条）。また，提出された意見や提出された意見を考慮した結果を公示しなければならない（同法 43 条 1 項）。

コラム 2-9　　**行政手続法上の基準の性質**

　行政手続法の**審査基準**（行手 5 条）や**処分基準**（同法 12 条）は性質上は行政規則であり，対象となる処分の性質に応じて，解釈基準あるいは裁量基準であると位置付けるのが通説的見解である。

　もっとも，学説には，行政手続法が審査基準と処分基準について意

見公募手続を法定し，裁判例は裁量基準である審査基準や処分基準に
法的拘束力を認める傾向にあることから，行政手続法に基づく審査基
準と処分基準を，法規命令とも行政規則とも異なる裁判規範性が認め
られる第三類型の行政基準と位置付けるものもある（大橋・行政法Ⅰ）。

2　行 政 計 画

(1)　行政計画の定義

> 行政計画とは

　行政計画とは，「行政権が一定の公の目的
のために目標を設定し，その目標を達成す
るための手段を総合的に提示するもの」（塩野・行政法Ⅰ）をいう。
国であれ自治体であれ，行政機関は食料・農業・農村基本計画，環
境基本計画，国土形成計画，都市計画と様々な計画を定めている。
行政計画とは，このような行政機関が定める計画の総称である。

　伝統的行政法学では，行政計画が行為形式として取り上げられる
ことはなかった。だが，戦後，行政計画をそれ自体として考察する
必要があると認識されるに至り，行政法学の体系の中で行政計画は
独自の行為形式として位置付けられるようになった。

> 行政計画の種類

　行政計画は様々な尺度から分類される。ま
ず，例えば，国民を拘束する**拘束型計画**か
国民を拘束する効力を持たない**非拘束型計画**かで分類する方法があ
る。計画の期間によって，長期計画，中期計画，短期計画に分類す
る方法もある。さらに，適用される地域の規模に着目して全国計画，
ブロック単位の計画，都道府県計画，市町村計画に分類する方法も
ある。

> コラム 2-10　行政計画の例

　行政計画は土地利用規制との関連で取り上げられることが多いので，土地利用規制の分野での例を見てみる。まず，国土形成計画法に基づいて定められる**国土形成計画**は，条文上「国土の利用，整備及び保全……を推進するための総合的かつ基本的な計画」と定義されている（国土形成計画法 2 条 1 項）。国土づくり，交通，防災といった国土に関わる幅広い分野の政策についての基本方針が定められている。

　都市計画法に基づいて定められる**都市計画**は，条文上は「都市の健全な発展と秩序ある整備を図るための土地利用，都市施設の整備及び市街地開発事業に関する計画」（都計 4 条 1 項）と定義されている。都市計画においては，市街地を形成している区域と市街化を図るべき区域が**市街化区域**，市街化を抑制すべき区域が**市街化調整区域**に指定され，後者については開発許可を原則不許可とすることで都市の無秩序な拡大に歯止めがかけられている。また，都市計画において市街化区域に定められる，第 1 種住居地域，商業地域，工業地域などの**用途地域**の指定に際して，土地の用途や建築物の容積率が定められる（都計 8 条）。

　市街化区域・市街化調整区域の指定や用途地域の指定によって具体的な土地利用制限が課せられ，建築確認が与えられるか否かの要件にもなるので，都市計画は拘束型計画に該当する。

（2）　行政計画の法的統制

> 法律の留保

　行政計画のうち，都市計画のような拘束型計画は国民の経済活動に大きな影響を与える。また，国土形成計画のような全国単位での開発計画を定めるものは国政の方針を決定づける。そこで，このような国民生活を左右する行政計画を定めるのに法律の根拠が必要になるかが問題になる。

　これについては，通説的な侵害留保説に立って説明すると，まず，都市計画のような拘束型計画を定めるには，法律の根拠が必要であるとされている。都市計画により土地利用制限が具体化するが，それは財産権の制限であり，侵害作用に当たるからである。それに対して指針的な性質を持つにすぎない非拘束型計画については侵害作用ではないので法律の根拠は不要であるとされている。実際，大綱的な計画について，国土形成計画のように法律に基づいて定められる場合もあるが，法律に根拠がない計画が定められる場合もある。学説には将来の国土のあり方が全体として方向付けられるような計画には法律の根拠が必要であるとするものがある（塩野・行政法Ⅰ）。

計画間調整　全国計画，都道府県計画，市町村計画という風に，様々な単位での計画が併存している場合，計画の内容を相互に整合的なものとする**計画間調整**が重要になる。都市計画法13条1項本文が，都市計画区域について定められる都市計画は国土形成計画に適合することを求めているように，法律上明文の定めが置かれることもある。

計画裁量　行政計画については，計画の具体的内容について計画策定権者に大きな裁量が認められるのが特徴であるとされる。この計画策定権者の裁量を計画裁量と呼ぶ。例えば都市計画を定める際に，どの地域に対してどのような用途地域指定をするかといったことは，それ自体が政策判断であるので，行政の裁量に委ねざるを得ないのである。

　また，事業者数の需給調整を定めた計画に基づいて，事業者に許可が与えられるような場合についても許可権者に裁量が認められる場合がある。最判平成26・1・28民集68巻1号49頁は，一般廃棄物処理計画に従って一般廃棄物処理業の需給状況の調整が図られる

仕組みを設けている一般廃棄物処理業の許可またはその更新について，市町村長に一定の裁量が与えられるとしている。

　だが，計画策定権者の裁量が認められていても，裁量権の逸脱・濫用に当たる場合には違法となる。最判平成 18・9・4 判時 1948 号 26 頁（林試の森事件）は，都市計画公園に係る都市計画決定について，計画権者である建設大臣（当時）の判断が合理性を欠けば，都市計画決定は，裁量権の範囲を超えまたはその濫用があったものとして違法となる，と判示している。

> **計画策定手続**

　計画の内容について計画裁量が認められる以上，行政計画の実体的統制には困難が伴う。行政計画の国民への受容性を高めるには公衆の意見を計画の内容に反映させる**パブリックインボルブメント**のような，計画策定手続による手続的統制も重要である。

（3）　行政計画に対する救済

> **行 政 訴 訟**

　多くの行政計画は行政の目標を示す指針にすぎず，そのようなものは行政処分とは言えないため取消訴訟の対象とはならない。また，拘束型計画であっても段階的な行政過程を経る場合は計画に従って処分が行われるので，後続する処分の際に取消訴訟を提起すればいいということになり，計画自体に取消訴訟の対象となる処分性は認められない。都市計画法の**用途地域指定**について，最判昭和 57・4・22 民集 36 巻 4 号 705 頁は処分性を否定した。用途地域指定のような計画に基づく形で具体的な事業が予定されない計画は**静的・完結型計画**と位置付けられる。

　これに対して，公共事業に関わる計画で，計画に従って事業が行

図表 6　土地区画整理事業

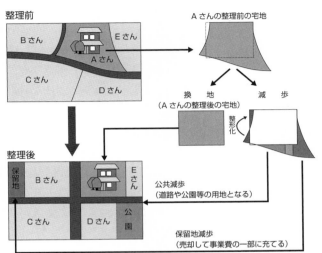

整理前

Ａさんの整理前の宅地

Ｂさん　　　　Ｅさん

Ａさん

Ｃさん

Ｄさん

換　　地　　　　減　歩
（Ａさんの整理後の宅地）

整形化

整理後

保留地

Ｂさん

Ｅさん

公共減歩
（道路や公園等の用地となる）

Ｃさん　　　Ｄさん　公園

保留地減歩
（売却して事業費の一部に充てる）

（出典）　国土交通省都市局市街地整備課ウェブサイトを元に筆者作成
https://www.mlit.go.jp/crd/city/sigaiti/shuhou/kukakuseiri/kukakuseiri01.htm

われる場合，計画それ自体によって具体的な土地利用制限が課せら
れるような拘束型計画である場合には，計画の処分性が認められ，
取消訴訟の対象となる場合がある。土地区画整理法に基づく**土地区
画整理事業計画決定**について（土地区画整理事業については**図表 6**を参
照），最大判平成 20・9・10 民集 62 巻 8 号 2029 頁は判例変更をし
て処分性を認めた。土地区画整理事業計画が定められると，行政庁
は後々，土地区画整理事業として仮換地や換地のような処分（多く
は減歩を伴う）を行って行政目的を達成していくが，このような計
画は**動的・非完結型計画**と位置付けられる。学説上，動的・非完結
型の計画は事業が後続することが見込まれるため，静的・完結型の

計画よりも処分性が認められやすいとされる（→第 3 編第 2 章 2 (1)参照）。⇒160 頁

　取消訴訟の対象とならない行政計画については，確認の利益が認められる場合，当該計画の適用を受ける地位にないことの確認などの形で当事者訴訟で争うことが考えられる。

> ### 損 害 賠 償

いったん行政計画が策定され，誘致が行われたので国民がそれを信頼して土地の買収などの準備活動に入ったが，後に計画が変更されたというような場合，その信頼を保護すべきかが問題となる。これが計画担保責任の問題である。このような場合，判例は，計画の変更を認めつつも，密接な交渉を持つに至った当事者間の関係を規律すべき信義公平の原則に照らして，不法行為責任に基づく損害賠償が認められる場合があることを示している（最判昭和 56・1・27 民集 35 巻 1 号 35 頁〔宜野座村工場誘致事件〕）（→第 1 編第 4 章 4 参照）。⇒24 頁

第3章

行政契約，行政指導

本章では，行政行為以外の非権力的行為形式として，行政契約と行政指導を扱う。

行政行為は権力的な法律行為であるのに対して，行政契約は非権力的な法律行為である。

行政指導は非権力的な事実行為である。行政契約も行政指導も，伝統的行政法学からの関心は低かったが，戦後になって行政法の体系に組み入れられた。

1　行　政　契　約

(1)　定　　義

行政契約とは

行政契約とは，少なくとも一方の当事者が行政主体である契約のことを指す。行政主体と私人との契約あるいは行政主体と行政主体との契約がこれに当たる。行政契約は当事者の意思の合致によって成立する。行政契約は**法律行為**であるが**非権力的な行為**であるという点で，権力的な行為形式である行政行為と異なる。

行政主体が私人と契約を結ぶ場合があるということ自体は，戦前から認識されていたことであるが，伝統的行政法学では行政契約論はあまり発達しなかった。だが，戦後になると給付行政における契

約的手法の活用や，規制行政における合意手法の活用に注目がなされるようになった。そのような中で，契約的手法や合意手法を行政法の射程に入れる必要性が認識され行政契約という形で行政法体系の中で論じられるに至った。

　行政契約の例としては，行政主体が私人と結ぶ公害防止協定，行政主体が物品を調達するために締結する契約，行政主体間の合意のようなものが挙げられる。

(2) 類　　型

　行政契約は，目的別に以下のような類型に分けて説明される。

> 規制行政における
> 契約

規制行政は，営業停止命令や許可の取消しのような行政行為，あるいは後述する行政指導を通じて行われる。だが，規制行政の分野においても，行政主体と私人との合意によって行政活動が行われることがある。例えば，1960 年代以降によく見られるようになった，企業の進出に自治体が協力する代わりに，国の法令の基準よりも厳しい基準の遵守を企業側が自主的に行うということを自治体と企業が合意する，**公害防止協定**がこの例に当たる。

　規制行政の分野において私人と行政主体との合意により，法令が定めていない内容の義務を私人が負う場合があるが，このような場合，法律の内容それ自体を私人との合意によって変更するような契約を結ぶことはできない。例えば，税率を特定人だけ変更するような合意は許されない。もっとも法令の内容を変更しないのであれば，公害防止協定のように，私人が自らの計算で法令に定めのない義務を負う合意を行政主体と行うことは許容される。

コラム 2-11　公害防止協定の法的性質

　公害防止協定は，出現当時の 1960 年代には脱法的なものであると見なされ，このような協定を自治体と企業が結んだとしても紳士協定にすぎないとする**紳士協定説**が有力であった。だが，それに対して学説からは企業が自らの計算で自由を放棄している以上，契約として拘束力を持つという契約説が唱えられた。現在では**契約説**のほうがむしろ有力である。

　最判平成 21・7・10 判時 2058 号 53 頁は，町と産業廃棄物処理業者との間で締結された公害防止協定について，当該協定の産業廃棄物最終処分場の使用期限を定めた期限条項が廃棄物処理法の趣旨に反するということはできないとして，協定の内容に法的拘束力が生じる場合があることを確認している。

　公害防止協定の条項が法的拘束力を持つには，当該条項が当事者を拘束するような内容であることが必要である。また，実力行使を伴う立入検査のような法律の根拠が必要な活動を，公害防止協定での合意により行政機関に認めることはできない（塩野・行政法 I）。

　公害防止協定の法的性質については，契約説の中にも公法契約説と私法契約説がある。判例の立場は判然としないが，私法上の契約と考えて差し支えないと思われる。

給付行政における契約　自治体による市民への水道水給水，自治体による市民への要綱に基づく見舞金の給付というような場面で成立する法律関係は，それぞれ水道水給水契約，贈与契約である。行政機関による金銭の給付というような場合は，法令に特に定めがない場合は贈与契約となる。給付行政における契約方式の推定と呼ばれるものだが，補助金適正化法に基づく補助金交付のように，法令の条文上，特に交付決定を行政処分としている場合は（補助金 6 条），行政行為たる給付

決定によって法律関係が成立し，契約によるものではないと解されることには注意が必要である。

| 調達行政における契約 |

庁舎の建設の請負契約を結ぶ，備品の購入に係る売買契約を結ぶ，土地の任意買収を契約によって行うという風に調達行政の分野においては，広く契約によって調達が行われている。これらは性質から言えば私法上の契約であるが，一方の当事者が行政主体であれば行政契約に当たる。

調達行政における契約については国や地方公共団体は巨大な発注者であり，契約の相手方が公正に選定される必要があることから，様々な法規制が行われている。

コラム 2-12　会計法上の規制

国が売買，貸借，請負その他の契約を締結する場合，**会計法**による規制が適用される（地方公共団体については地方自治法が定めを置いている）。例えば，契約の相手方を定める手法としては，国民が広く入札に参加できる一般競争入札（会計 29 条の 3 第 1 項）が原則とされ，法定の場合にのみ，行政機関から指名された者のみが入札に参加できる指名競争入札（同条 3 項），あるいは，入札によらずに行政機関が特定の相手方と契約を締結する随意契約（同条 4 項）を行うことができるとされている。

地方公共団体の随意契約の締結について，最判昭和 62・3・20 民集 41 巻 2 号 189 頁は，「当該契約の種類，内容，性質，目的等諸般の事情を考慮して当該普通地方公共団体の契約担当者の合理的な裁量判断により決定されるべき」としている。

| 業務の委託・移管に
係る契約 | 行政主体が行っている公的な業務について，民間事業者や他の行政主体に委託あるいは移管するという場合に契約手法が用いられ |

る。例えば，公共施設の運営業務や窓口業務に関して**委託契約**や，公営事業の民間移管の場合の**事業移管契約**が挙げられる。

　行政主体から民間事業者への事務の単純な委託に係る契約であれば私法上の契約によるということになるが，行政主体間の事務委託で法律に基づくものである場合は公法上の契約と考えられる（芝池・総論）。

　業務委託に関連する契約の一類型として**PFI（Private Finance Initiative）事業契約**がある。PFI 事業は，国や地方公共団体が博物館のような公共施設の設置・管理を一括して民間事業者に委ねるものである。PFI 事業の実施に当たって行政機関と民間事業者との間で PFI 事業契約が締結されるが，これについては，民間資金等の活用による公共施設等の整備等の促進に関する法律（PFI 法）が定めを置いている（同法 5 条 2 項 5 号）。

　このような民間化の進行に際して，行政がどのような監督を事業者に行うかが重要になるが，保障国家（→第 1 編第 2 章参照）^{⇒10頁}の理念はこのような問題意識を背景にしている。

コラム 2-13　指定管理者制度

　地方公共団体が設置する公の施設（自治 244 条 1 項。地方公共団体が設置する病院，水道，博物館のような公共施設を指す）の管理を当該地方公共団体以外の者に委ねる指定管理者制度がある（同法 244 条の 2 第 3 項）。指定管理者制度の下では，行政処分である指定によって公の施設に指定管理者が指定された場合，施設の設置者は地方公共団体

のままで，管理は指定管理者が行うこととなる。

現在，博物館や公民館のような多くの公共施設で指定管理者の指定が行われている。指定管理者の指定は行政処分であって行政契約ではない。だが，指定管理者の指定がなされる際，地方公共団体と指定管理者との間で施設の管理についての協定が締結される。この協定の性質について，指定という行政行為の附款と解する説もあるが，協定は本体の指定とは異なる行政契約であると解する説もある。

（3） 行政契約に対する法的統制

行政契約と法律の
留保

行政契約に関する議論の出発点には，行政活動は公的な活動であるので，行政主体が当事者となる契約には契約自由に委ねられた通常の私法上の契約とは異なる特徴があるのではないかという問題意識がある。しかし，行政契約においては合意によって権利義務が設定されるため，侵害留保説に立てば法律の留保の対象ではない。つまり，法律によらずとも行政契約の締結は可能である。行政契約には民法の契約に関する規定が適用される（双方代理の禁止の規定の適用について，最判平成 16・7・13 民集 58 巻 5 号 1368 頁）。もっとも，行政契約は少なくとも一方の当事者が行政主体であるので，民法上の原則がそのままの形で妥当するわけではない。

法律による統制

法律の優位の原則から行政主体は法律に反するような契約を締結することはできない。会計法の入札に関する規定のように，契約について法令に定めが置かれている場合は，行政主体はそれに従わなければならない。例えば，水道法 15 条 1 項は，「水道事業者は，事業計画に定める給水区

域内の需要者から給水契約の申込みを受けたときは，正当の理由がなければ，これを拒んではならない」としている。水道事業者は多くの場合は地方公共団体であるが，水道水は日常生活に不可欠なサービスであるので，このような契約締結の強制が定められている。このような規定を置く法律は公共サービスの分野で多く見られる。

コラム 2-14　　水道の給水契約の拒否

　水道法 15 条 1 項により，水道の給水契約の申込みを水道事業者が拒否することができるのは，「正当の理由」がある場合に限定されている。水道法 15 条 1 項の「正当の理由」があるとして，水道の給水契約の拒否が許容されるのは，地勢の関係で給水が技術的に困難な場合や給水量が著しく不足している場合のような水道法固有の問題がある場合に限定される。
⇒99 頁
　コラム 2-16 で見るように，かつては宅地開発指導要綱に基づく行政指導に従わない事業者に対する制裁として，水道水の給水拒否を行うことを宅地開発指導要綱に定める自治体があったが，最決平成元・11・8 判時 1328 号 16 頁は，「指導要綱を事業主に順守させるため行政指導を継続する必要があったとしても，これを理由として事業主らとの給水契約の締結を留保することは許されない」とした原判決を支持している。

　他方で，最判平成 11・1・21 民集 53 巻 1 号 13 頁は，水不足の自治体が「需要の抑制施策の一つとして，新たな給水申込みのうち，需要量が特に大きく，現に居住している住民の生活用水を得るためではなく住宅を供給する事業を営むものが住宅分譲目的でしたものについて，給水契約の締結を拒むことにより，急激な需要の増加を抑制することには，〔水道〕法 15 条 1 項にいう『正当の理由』があるということができる」としている。

行政法の一般原則　平等原則，比例原則といった行政法の一般
原則による統制は行政契約にも及ぶ。例え
ば，民法では契約自由の原則が説かれるが，行政契約の場合，行政
側は国民を公平に取り扱うべきであって，契約の相手方を恣意的に
選択することはできないという平等原則が妥当する。また行政契約
特有の原則として効率性の原則や説明責任の原則が主張されること
もある（宇賀・概説Ⅰ）。

　契約の相手方の選択に際して裁量が認められる場合であっても，
裁量権の逸脱・濫用があれば違法となる。最判平成18・10・26判
時1953号122頁は，村が指名競争入札に際して，それまで継続的
に指名を受けていた土木建築業者に対して，村外業者であることを
理由に指名回避措置をとったことにつき，「価格の有利性確保（競
争性の低下防止）の観点を考慮すれば，考慮すべき他の諸事情にか
かわらず，およそ村内業者では対応できない工事以外の工事は村内
業者のみを指名するという運用について，常に合理性があり裁量権
の範囲内であるということはできない」としている。

（4）　行政契約への法的救済

行政契約に関する
訴訟選択　行政契約に関する訴訟は，私法上の契約で
あれば民事訴訟，公法上の契約であれば
（「法律上の争訟」に当たるかが問題になるが）
公法上の当事者訴訟によって争われる。契約上の義務の強制執行に
ついては，行政上の義務でなければ民事執行が可能である。

　自治体による契約の締結の場合，契約当事者以外の者であっても
当該自治体の住民であれば住民監査請求（自治242条）を経て住民
訴訟（自治242条の2）で争うこともできる（→第3編第2章8(1)参 ⇒212頁

照）。

2　行 政 指 導

（1）　行政指導の意義

行政指導とは

行政活動の1つとして，**行政指導**がある。
例えば，行政機関が事業者に対して業務の
改善を求める勧告をするというように，国民に法的な義務を課すの
ではなく，国民の任意の協力を求めるというようなものがそれである。この任意の協力を求めるという事実行為が行政指導である。

　行政手続法は，行政指導を「行政機関がその任務又は所掌事務の
範囲内において一定の行政目的を実現するため特定の者に一定の作
為又は不作為を求める指導，勧告，助言その他の行為であって処分
に該当しないものをいう」と定義している（行手2条6項）。

行政指導の利点

法令違反をした事業者に対して業務の改善
を求めるという場合，行政庁に法律に基づ
いて行政処分である命令を発する権限が与えられている場合であっ
ても，行政処分を行うということは事実上，重い措置であると国民
からは受け止められてしまう。そこで実務上は，事業者の任意の協
力を求める行政指導が行われることが多い。行政指導には，行政機
関が臨機応変な対応を行うことができる，国民の協力を得やすいと
いったメリットがある。国民側からすれば，上の例なら行政処分を
回避することができる。国民が自主的に行政指導に従ったのであっ
ても，行政機関としては事業者の業務の改善のような目的が達成さ
れればそれでいいのである。

| 行政指導の問題点 | 行政指導は事実行為であり，法的な効果に着目すれば無である。そこで法的な作用に |

着目する伝統的行政法学では行政指導に関心が集まることはなかった。しかし，法律に定めのないことや一見すると法律に反するような内容が行政指導によって国民に要求される場合があり，そのような場合，法治主義の観点から問題視される。また，国民からの許可申請に対して，法定の要件を充たしているにもかかわらず申請書を受けとらない**不受理**や申請書を受理しても棚晒しにして応答をなかなかしない**応答留保**を行う，あるいは申請者が許可を得るのに法律に定めのない内容を求める行政指導に従うことを要求するといった行政実務も見られ，行政手続の観点から不透明であると批判された。そのため，行政指導に対して法的な統制を行う必要があることから，行政法学においても行政指導が取り扱われるようになった。

| 行政指導の種類 | 行政指導は以下の3つに分類される。この分類に従っても重なり合うことがあるので |

相互排他的ではない。

① **規制的行政指導**　業務改善の勧告や値上げ中止の指導のように，国民の活動を制限する目的で行われる行政指導を規制的行政指導という。

② **助成的行政指導**　耕作する農作物を米から野菜に転換する農家に技術的助言をするというように，政策目的の実現のために私人に情報を提供する行政指導を助成的行政指導という。

③ **調整的行政指導**　マンション事業者と近隣住民の建築紛争に対して，市長が互譲を求める指導を行うというような，私人間の紛争解決のために行われる行政指導は調整的行政指導という。

コラム 2-15　情 報 提 供

　助成的行政指導は特定の行政目的の達成のため国民を誘導するものであり，単に国民に対してサービスとして情報を提供する**情報提供**とは区別される。情報提供としては例えば気象庁の天気予報がある。

（2）　行政指導の法的統制

行政指導と法律の
留保

行政指導は，国民に法的な義務を課したり物理的な侵害を加えるような作用ではないので，法律の根拠がなくても行うことができると解されている。実際，実務上法律に定めのない内容について，国民に自主的な協力を求めるような非法定の行政指導が行われることがある。このようなものも所掌事務の範囲内であれば適法である。判例は，明文の規定がなくても，運輸大臣（当時）が民間航空会社に特定機種の選定購入を推奨する行政指導を行うことは許されるとしている（最大判平成 7・2・22 刑集 49 巻 2 号 1 頁）。

　もっとも，法律において**勧告**というような形式で行政指導が法定されていることも多い。法定の行政指導である勧告については，国土利用計画法のように法定の勧告に従わない者の氏名を公表するというような事実上の制裁を定めたり（国土利用 24 条・26 条），あるいは，個人情報保護法のように法定の勧告に従わない者には行政行為である処分を行うという定めを置いたりする例がある（個人情報 148 条 1 項 2 項）。

行政指導の限界

まず，行政指導も行政機関の所掌事務の範囲内で行われなければならない。

　次に，法令の趣旨に反する行政指導は許されない。もっとも，法令の趣旨に反しているかどうかは，形式的に判断されるものではない。最判昭和59・2・24刑集38巻4号1287頁は，オイルショックの際の通産省（当時）の石油業者に対する石油製品の値上げに関する行政指導について，「社会通念上相当と認められる方法によつて行われ，『一般消費者の利益を確保するとともに，国民経済の民主的で健全な発達を促進する』という独禁法の究極の目的に実質的に抵触しないものである限り，これを違法とするべき理由はない」としている。

　禁反言，平等原則，比例原則のような行政法上の一般原則は行政指導にも適用される。行政指導は相手方の任意の協力の下に行われるものであるので，強制にわたるような場合は違法となる（最判平成5・2・18民集47巻2号574頁）。

コラム 2-16　宅地開発指導要綱

　高度経済成長期に，都市圏が拡大し都市近辺の自治体の人口が急増するという事態が生じた。そのような自治体はマンションの乱立による日照権侵害，水道や学校等の公共施設の整備といった課題を抱えることとなった。

　人口の急増に対して自治体の中には，開発を抑制するために，法律に根拠のない**宅地開発指導要綱**を定めて対応する自治体もあった。武蔵野市のそれが典型であるが，宅地開発指導要綱においては，自治体内で事業者が大規模なマンション建設を行う場合，教育施設負担金を納付することや，それに従わない場合，水道水の給水拒否や下水道の利用拒否を行うこと等が定められていた。これらの宅地開発指導要綱による事業者への求めは行政指導である。自治体の**要綱行政**の背景には，1980年代頃まで自治体には法定の土地利用規制権限があまり認

められておらず，行政指導に頼らざるを得ないという事情があった。

　指導要綱は，行政指導の基準であり性質としては国民を法的に拘束しない行政規則である。そのような基準に従ってまちづくりを行い，違反に対して水道水の給水拒否を行うというような行政スタイルには賛否両論あったが，最高裁は，水道水の給水拒否のような制裁措置を背景として，行政指導に従うことを余儀なくさせることは違法であると判示した（最判平成 5・2・18 民集 47 巻 2 号 574 頁）。

（3）　行政手続法の規定

行政手続法

　　　　　　　　法定外の行政指導を多用する日本の行政スタイルは，1980 年代に日米貿易交渉において不透明であると批判された。ときには法律に定めのないことを行政機関が国民に要求する行政指導には，利点が認められつつも，法治主義の観点からの批判が向けられていた。そこで平成 5（1993）年に行政手続法が制定された際，行政手続法には行政指導についての定めが置かれた。

実体的規定

　　　　　　　　行政手続法は「行政指導にあっては，行政指導に携わる者は，いやしくも当該行政機関の任務又は所掌事務の範囲を逸脱してはならないこと及び行政指導の内容があくまでも相手方の任意の協力によってのみ実現されるものであることに留意しなければならない」（行手 32 条 1 項），「行政指導に携わる者は，その相手方が行政指導に従わなかったことを理由として，不利益な取扱いをしてはならない」（同条 2 項）とする。制定当時の判例法理に従ったものだが，行政指導の基本原則を確認する実体法である。同項の「不利益な取扱い」には，行政指導に従

わない者の氏名の公表が法律で定められているような場合は含まれない。

コラム 2-17　応答留保

　許認可申請に対して応答を留保し，申請者に対して，第三者と協議したり，あるいは申請を取り下げるよう行政指導を行うというような実務がみられる。

　最判昭和 60・7・16 民集 39 巻 5 号 989 頁は，建築確認申請に対する応答留保が争われた事例だが，「建築主に対し，当該建築物の建築計画につき一定の譲歩・協力を求める行政指導を行い，建築主が任意にこれに応じているものと認められる場合においては，社会通念上合理的と認められる期間建築主事が申請に係る建築計画に対する確認処分を留保し，行政指導の結果に期待することがあつたとしても，これをもつて直ちに違法な措置であるとまではいえない」としている。そのうえで，「建築主において建築主事に対し，確認処分を留保されたままでの行政指導にはもはや協力できないとの意思を真摯かつ明確に表明し，当該確認申請に対し直ちに応答すべきことを求めているものと認められるときには」，「右行政指導に対する建築主の不協力が社会通念上正義の観念に反するものといえるような特段の事情」が存在しない限り，建築確認処分を留保することは違法であるとした。

　手続的規定　　行政手続法は行政指導に際しての手続として，以下のようなことを定めている。まず，「申請の取下げ又は内容の変更を求める行政指導にあっては，行政指導に携わる者は，申請者が当該行政指導に従う意思がない旨を表明したにもかかわらず当該行政指導を継続すること等により当該申請者の権利の行使を妨げるようなことをしてはならない」（行手 33

条）。これは**コラム 2-17** の前掲・最判昭和 60・7・16 の考え方を明文化したものである。

　行政指導に際しては，規制「権限を行使し得る旨を殊更に示すことにより相手方に当該行政指導に従うことを余儀なくさせるようなことをしてはならない」（同法 34 条）とされている。

　他の行政手続法の規定として，行政指導の趣旨および内容ならびに責任者の明示（同法 35 条 1 項），行政指導をする際に行政機関が処分権限を行使し得る旨を示す場合には，当該権限を行使し得る根拠となる法令の条項等を示さなければならないこと（同条 2 項），**口頭での行政指導**については行政上特別の支障がない限り，相手方から求められた場合は**書面**を交付しなければならないこと（同条 3 項）が挙げられる。

> 行政指導指針

複数の者を対象とする行政指導を行う場合，行政機関は**行政指導指針**を定め，行政上特別の支障がない限り公表しなければならない（行手 36 条）。

（4）　行政指導への法的救済

> 行 政 訴 訟

行政指導は事実行為であって**処分ではない**ので，行政指導に対して取消訴訟を提起することは原則的にできないとされる。もっとも，判例は，医療法上の病院開設中止の勧告について，勧告に従わなければ保険医療機関の指定を受けられなくなり病院の開設自体を断念せざるを得なくなることから，処分性を認めている（最判平成 17・7・15 民集 59 巻 6 号 1661 頁）。これは，法定の勧告への不服従に強度の制裁が予定されていること等により，例外的に処分性を認めたものであって一般化できるものではないと解される（→第 3 編第 2 章 2 (1)）。
⇒159頁

　取消訴訟の対象とならない通常の行政指導については，行政指導が違法＝無効であることを前提とした権利義務・法的地位の確認訴訟あるいは行政指導の違法確認訴訟という形の当事者訴訟で争う余地がある（→第3編第2章6 (2)）。

　行政指導を伴う申請への応答留保については，申請中の処分に係る不作為の違法確認訴訟・申請型義務付け訴訟で争うことができる。

> **国家賠償訴訟**

　行政指導によって国民が損害を被ったというような場合，国家賠償法1条により損害賠償請求によって金銭的救済を得ることができる。同条による損害賠償請求は，公務員によって違法な行政指導が行われたというような行政による作為の場合だけではなく，事業者に対して行政機関が規制的行政指導を行わなかったため，薬害が発生し国民が損害を被ったというような，行政機関による行政指導の不作為の場合であっても認められると解される（東京地判平成23・3・23判時2124号202頁）。

> **行政手続法の定める手続**

　処分ではない行政指導については，行政不服審査法による審査請求をすることはできない。しかし，法令に違反する行為の是正を求める行政指導でその根拠となる規定が法律に置かれているものについては，国民は行政手続法の手続を利用することができる。

　行政指導の中止等の求め（行手36条の2）は，法定の行政指導の相手方が行政機関に申し出ることでその適法性を争うことができる制度である。

　処分等の求め（行手36条の3）は，何人も行政機関に法定の行政指導をすることを求めることができる（行政処分をすることを求めることもできる）制度である。

3　（補論）事実行為の種類

> 事　実　行　為

上で説明した行政指導は行政機関が行う**事実行為**の1つである。法学上，ある主体の活動は法的効果を伴う法律行為か，法的効果を伴わない事実行為に分類される。行政行為や行政契約は法律行為である。法律行為は，法行為あるいは法的行為と呼ばれることもある。事実行為と呼ばれるものは**精神表示的行為**と**物理的行為**に分類される。精神表示的行為とは，行政指導のような，行政機関が外部の者に何かを伝達するような行為を指す。精神表示的行為としては他に，行政機関による**通知**や情報提供が挙げられるだろう。このような行為は国民に法的地位を与えたり義務を課したりするものではない。もっとも，通知のような行為に関しては法律によって法的効果を持つことが規定されていれば，行政行為となる。かつての行政行為の分類論で準法律行為的行政行為とされていた通知はそのような類型に当たる。

　物理的行為は，公務員が直接人や物に有形力を行使するような行政活動を指す。本編第*4*章3で取り上げる即時強制の際の実力行使がこの例に当たる。⇒119頁

第4章

行政上の義務履行強制，
行政制裁，即時強制

法律や行政行為によって私人に課された義務については，その実効性を確保するために様々な手段がとられる。本章では，実効性確保について，将来に向かって行われる義務履行強制，過去の違反に対する行政制裁を概説する。あわせて義務を課さずして私人に直ちに実力を行使する即時強制も扱う。

1 行政上の義務履行強制

(1) 行政的執行の種類

司法的執行と行政的
執行

私人の借金のような私法上の債権であれば，債権者は民事執行法の定める民事執行の手続によって債権の実現をすることができる。このような**司法的執行**の場合，債権者は裁判所の力を借りて相手方の財産を差し押さえ競売にかけて，債権の強制執行をすることができる。しかし，私人の場合，債権者が債務者の家に押し入って財産を奪って債権に充当するというような自力救済は禁止されている。

これに対して，行政庁が行政行為によって私人に課した義務については，権利者である行政が自身の手によって実力により相手方の

義務の履行を強制することができる場合がある。これが**行政的執行**と呼ばれるものである。行政には自力執行が認められる場合があるのが，私人間の法律関係と比べた場合の行政上の法律関係の特徴である。

行政的執行の例

現行法では，例えば，建築基準法に違反した違反建築に対して，特定行政庁（市町村長または都道府県知事を指す。建基2条35号）は，究極的には建築主に建築物除却命令を発することができる（同法9条1項）。しかし，相手方の建築主がこの命令に従わない場合，違反建築は建築されたままである。そこでこのような場合，建築基準法は，特定行政庁が行政代執行法により，行政代執行を行ってその建築主の代わりに義務を履行する——建築物を取り壊すことによって，義務内容を実現することができるとしている（建基9条12項）。このような行政自身による行政上の義務の強制的実現が行政的執行である。

行政的執行の種類

行政的執行の種類としては，行政上の義務に係るものとして，①行政が義務者に代わって作為義務を履行しその費用を義務者から徴収する**代執行**，②義務履行があるまで義務者に過料を課すことで義務履行を促す**執行罰**，③義務者の身体または財産に直接実力を行使して義務を履行させた状態を実現する**直接強制**の3種類がある。これらは非金銭的義務を念頭に置いている。

金銭支払義務に関わる行政的執行は特に金銭的執行と呼ぶ。これについては④金銭債権について財産の差押えと公売によって債権の強制的実現を図る**強制徴収**の制度がある。

戦前は特に法律の根拠がなくても，行政行為によって課された義務については行政的執行が可能であるとされていたが，現在は，行

政的執行を行う場合には，行政行為とは別に個別の法律の根拠が必要であるとされる。行政行為の執行力（→本編第 *1* 章 8 参照）も，現在では行政的執行を定める法律が存在する限りで認められるものであると考えられている。

行政的執行制度の現状

戦前の旧行政執行法の下では行政的執行の手段として直接強制，代執行，執行罰のいずれも認められていたが，同法は戦後に廃止された。

現在は行政的執行の一般法として**行政代執行法**が定められており，法律や行政行為によって課せられた義務については，代執行が基本的な行政的執行手段として利用できる。

執行罰と直接強制については，個別法に定めがある場合にのみ利用できるとされるが，執行罰は砂防法 36 条に定めがあるのみであり，直接強制も，成田国際空港の安全確保に関する緊急措置法 3 条 6 項などごく少数の例があるのみである。

強制徴収については**国税徴収法**が**滞納処分**としてその手続を定めているが，様々な法律が金銭の徴収について，国税徴収法の滞納処分の手続によって強制徴収を行うことを可能としている。

コラム 2-18　条例による行政的執行制度の創設の可否

行政代執行法 1 条は「行政上の義務の履行確保に関しては，別に法律で定めるものを除いては，この法律の定めるところによる」とする。法律を強調する 1 条と条例も含むとする 2 条の条文の違いから，地方公共団体の条例によって，直接強制や執行罰のような行政的執行制度を設けることは許されないと解されている。

もっとも行政代執行法制定時に想定されていなかった戦後に登場し

た事業者名の公表や給付拒否のような手段については，条例で創設することも許容されると解されている。

(2)　行政代執行法

行政代執行が可能な
義務

法律や行政行為によって国民に課せられた行政上の義務については，行政代執行法により，行政庁は代執行を行うことが可能である。以下では行政代執行法の定める代執行の仕組みを見てみる。

　行政代執行が可能となる要件は行政代執行法 2 条に定められている。それによると，行政代執行が可能な義務として，①**法律によって成立した義務**（例えば，火薬類取締法 22 条の定める廃業した火薬製造業者の火薬の廃棄義務）と②**法律に基づく行政行為によって課せられた義務**（例えば，建築基準法 9 条 1 項に基づく建築物除却命令によって課せられた建築物除却義務）の 2 種類が挙げられていることがわかる。

　「法律」についてはかっこ書で定めがあり，法律の委任に基づく命令，規則および条例を含むとされている。条例は，条文上は法律の委任に基づくものに限定されているが，実務では自主条例・委任条例を問わず行政代執行が行われている。

代替的作為義務

行政代執行法 2 条かっこ書は，代執行可能な義務を**代替的作為義務**に限定する趣旨で，行政庁が代執行を行うことが可能な義務は「他人が代つてなすことのできる行為に限る」としている。土地や物件の引渡しや建築物の除却のような義務者以外の者でも履行可能な義務は代替的作為義務であり代執行が可能である。他方，営業停止義務の不履行に直接に

営業所の閉鎖を行うことは直接強制であり，代執行としては行うことができないと説かれてきた（田中・行政法上巻）。また，庁舎の明渡しについては，義務者の自らの意思に基づいて立ち退くことに意味があるので，第三者は代わって行うことができない非代替的作為義務であり代執行はできないとされる（大阪高決昭和40・10・5行集16巻10号1756頁）。

補充性要件と公益要件

行政代執行法2条は，さらに行政庁が代執行を行うための要件として「他の手段によつてその履行を確保することが困難であり，且つその不履行を放置することが著しく公益に反すると認められるとき」を挙げている。前者は補充性要件，後者は公益要件と呼ばれる。単なる義務の不履行では代執行を許さないという趣旨で設けられた条文である。比例原則の厳格な適用を求めていると言えるが，行政代執行を過度に抑制し，その機能不全を招く原因となっているとも指摘されている。建築基準法9条12項のように，個別法の中には特別の定めを置くことで行政代執行に関する要件を緩和し，行政代執行を行いやすくしているものもある。

行政代執行の手続

以上の要件を充たしていれば，行政庁は自ら義務者のなすべき行為をなし，または第三者をしてこれをなさしめ，その費用を義務者から徴収することができる（代執2条）。行政代執行の手続として，行政代執行法3条は，まず，義務者に文書で履行期限を設定した戒告を行ったうえで，それでも義務の履行がない場合は代執行令書をもって代執行の通知を行い，そのうえで代執行を行う旨定めている。代執行の戒告と通知のいずれにも処分性が認められ，取消訴訟の対象となる（塩野・行政法Ⅰ）。

　また，同条 3 項は非常の場合または危険切迫の場合に手続を省略する**緊急代執行**を定めている。

| 行政代執行の実施 |

　代執行を行うことには行政庁の効果裁量が認められる（もっとも権限を行使すべき職務上の義務を認めて代執行の不作為を国家賠償法上違法とした判例が存する。最判昭和 46・11・30 民集 25 巻 8 号 1389 頁）。代執行の際，執行責任者は，その者が執行責任者たる本人であることを示すべき証票を携帯し，要求がある場合にはそれを呈示しなければならない（代執 4 条）。行政代執行の際，建物の占拠者から抵抗があった場合については，行政代執行法に明文の規定はないが，代執行随伴行為として，必要最小限度の範囲において実力行使が許容されると解する裁判例がある（大阪地判平成 21・3・25 判例自治 324 号 10 頁）。

　代執行が行われた場合，義務者に代執行に要した費用の納付を命じなければならない（同法 5 条）。代執行の費用は，滞納処分の例により強制徴収することができる（同法 6 条）。

| 行政代執行の機能不全 |

　行政代執行法に基づく代執行であるが，実施には多大な労力と知識を必要とすることから活発に利用されているとは言いがたく，機能不全に陥っているとの指摘がある。学説には，執行罰や直接強制の活用を求めるものもある。

コラム 2-19　簡易代執行（略式代執行）

　法律の中には代替的作為義務を命ずるべき相手を覚知できない場合に，相当の期限を定めて，その措置を行うべき旨およびその期限までにその措置を行わない場合には代執行を行うべき旨をあらかじめ公告したうえで，代執行を行う**簡易代執行（略式代執行）**を定めるものが

ある。建築基準法 9 条 11 項の簡易代執行，空家等対策の推進に関する特別措置法 14 条 10 項の略式代執行がこれに当たる。

（3）　強 制 徴 収

滞 納 処 分

国税徴収法は滞納処分と呼ばれる租税債権の強制換価手続を定めている。これは行政的執行の中の強制徴収に当たる。租税債権は大量に発生し，それを迅速効率的に執行する必要があることから，このような制度が設けられている。

　国税通則法と国税徴収法の定めるところによれば，まず，滞納処分を行う前に，納期限までに国税を完納しない納税者に義務の履行を催告する**督促**が行われる（税通 37 条）。督促が行われてもなお納税者が完納しない場合には，徴収職員が滞納者の国税につきその財産の**差押え**を行う（税徴 47 条）。差押財産は公売などの一定の手続で換価され（同法 89 条・94 条），その換価代金は国税その他の債権に配当されて，残余の金銭が滞納者に交付される（同法 128 条・129 条）。

国税以外の金銭債権
の強制徴収

国税徴収法は国税についての強制徴収を定めているのみである。しかし，かつて公法上の金銭債権については行政上の強制徴収を可能にするという発想があったこともあり，実際には，行政代執行法 6 条 1 項，国民年金法 95 条のように数多くの法律で，「国税滞納処分の例により」「国税徴収の例によつて」などと定めることで，国税以外の金銭債権についても，国税徴収法の滞納処分の手続によ

る強制徴収が可能とされている。

地方公共団体の強制
徴収

地方税についても滞納処分が可能とされているが（地税48条1項），地方自治法231条の3第3項は「分担金，加入金，過料又は法律で定める使用料その他の普通地方公共団体の歳入」について，地方税の滞納処分の例により処分することができるとして，これらについての強制徴収を認めている。例えば，「法律で定める使用料その他の普通地方公共団体の歳入」に当たる下水道料金は強制徴収が可能である（自治附則6条3号）。

(4)　司法的執行の利用

民事執行が可能な
ケース

国や地方公共団体の金銭債権のうち強制徴収が認められているものは国税徴収法の滞納処分によって行政的執行が可能である。他方で，公営住宅の利用料金や水道料金のように金銭債権について滞納処分が認められていない場合には，債権の強制的実現のために司法的執行が利用可能である。すなわち，民事訴訟を提起して裁判所の給付判決を得たうえで，それを債務名義として民事執行法に基づく強制執行を裁判所に申し立てることになる。

　非金銭的権利であっても，財産法上の権利であれば行政機関は民事執行を申し立てることができると解される。例えば道路の占有権に基づく妨害排除請求権の行使については民事執行が認められる。

民事執行が認められ
ないケース

他方で，法令や行政処分によって国民に課せられた行政法上の義務に関わるものについて，最判平成14・7・9民集56巻6号1134頁（宝塚市ぱちんこ店規制条例事件）は，「国又は地方公共団体が

専ら行政権の主体として国民に対して行政上の義務の履行を求める
訴訟は、裁判所法3条1項にいう法律上の争訟に当たらず、これを
認める特別の規定もないから、不適法というべきである」として、
条例に基づいて発せられた、ぱちんこ店に対する建築工事中止命令
の不遵守について、市が民事執行を求めることはできないとした。

コラム 2-20　バイパス理論

　国や地方公共団体の金銭債権については、財産法上の権利で一見民
事執行が可能であるように思えるものであっても、法律が特に国税徴
収法の滞納処分による強制徴収を可能としている場合には、民事執行
を認めないという判例（最大判昭和41・2・23民集20巻2号320頁）
がある。法律が強制徴収というバイパスを利用可能としている以上そ
れの利用を求めることから、バイパス理論とも呼ばれる。

2　行 政 制 裁

制裁の意義

　行政上の義務履行強制に関する制度は、将
来に向けて義務の実現を図ることを目的と
している。これに対して過去の義務違反に対して制裁を科す一連の
法制度が存在する。例えば、国税については、滞納者に対する強制
徴収の制度が設けられているが、各法には拘禁刑や罰金を科して処
罰する規定が設けられている（所税238条）。このような制裁は、将
来の違法行為を抑止する効果も持つが、基本的には、過去の義務違
反を理由に違反者に不利益な効果を及ぼすものである。

（1）　行 政 罰

行政罰の種類
　行政法学においては，過去の行政上の義務違反に対して科せられる制裁を**行政罰**と呼び，行政罰には**行政刑罰**と**行政上の秩序罰**の 2 種類があるとされてきた。国民の自由や財産を侵害する作用であることから，これらを科すには法律の根拠を必要とする。実際には，行政刑罰も行政上の秩序罰も，法律の末尾に罰則の章が設けられて，そこでの規定に基づいて科せられるのが多くみられる形態である。

行 政 刑 罰
　行政罰のうち刑法 9 条に刑名（**死刑，拘禁刑，罰金，拘留，科料**）の定めがある刑罰を科すものを，行政刑罰と呼ぶ。行政刑罰については刑法総則の規定が適用される。

　道路交通法の無免許運転の処罰規定（道交 117 条の 2 の 2 第 1 号）のように，行政刑罰を定める規定は実定法上ありふれたものである。だが，行政刑罰を定める法律には，刑法 8 条の「特別の規定」として，従業員の違反行為について使用者である業務主体も処罰する**両罰規定**が置かれることが多いといった特徴がみられる。かつては明文の規定がなくても法人処罰や過失犯処罰が当然に認められるとする説が有力であったが，現在では否定的に解されている。

　行政刑罰を科す場合には**刑事訴訟法**の規定が適用される。つまり刑事裁判によって科せられることになる。

交通反則金, 通告処分

　道路交通法は 125 条以下で**交通反則金制度**を定めている。軽微な交通違反をした者には反則金の納付を通告したうえで, その者が反則金を納めたときは, 公訴提起しないとするものである。反則金の性質は刑罰ではなく行政的な制裁であるとされる。軽微な交通違反者をすべて刑事手続で処理すると負担過重になってしまうので, このような簡易な制裁措置が定められた。

　判例は反則金納付の通告に処分性を認めていないが (最判昭和 57・7・15 民集 36 巻 6 号 1169 頁), 起訴されることは大きな負担になるので, 反則金の納付を事実上強制しているとの批判がある。

　同様の制度として, 国税通則法 157 条は, 間接国税の反則者に対して, 罰金に相当する金額を納付することで公訴を提起されないとする, **通告処分**と呼ばれる制度を定めている。

　　　行政上の秩序罰

　行政上の秩序の維持のために義務違反に対して制裁として金銭的負担を科すものを行政上の秩序罰と呼ぶ。金銭的負担としては**過料**が科せられるのが通例である。行政刑罰と行政上の秩序罰の区別であるが, 現在の立法実務ではおおむね, 反社会性のある行為に対しては行政刑罰を科し, 単純な義務の懈怠には秩序罰を科すという方向で整理されていると言われる (宇賀・概説 I)。例えば, 個人情報保護法は認定個人情報保護団体が同法 51 条 1 項の届出をしない場合, 10 万円以下の過料に処するとしている (個人情報 185 条 2 号) が, これは秩序罰に該当する。

　　　過料を科す手続

　行政上の秩序罰は刑罰ではないので, 刑事訴訟法の規定は適用されない。法律違反の場合の過料には**非訟事件手続法** 119 条が適用され, 裁判所によって

科せられる。

　条例や地方公共団体の長の定める規則に違反した場合の過料については，地方公共団体の長の**行政処分**によって納付を命ぜられる（自治255条の3）。納付しない場合は，督促を経て地方税の滞納処分の例により強制徴収することができる（同法231条の3第1項3項）。

　刑罰と過料の併科は，憲法39条に違反する二重処罰ではないかが問題となるが，両者は目的，要件および実現の手続を異にすることから違憲ではないとした判例がある（最判昭和39・6・5刑集18巻5号189頁）。

コラム 2-22　科料と過料

　行政刑罰として科せられる科料と行政上の秩序罰として科せられる過料は，両者とも「かりょう」と読むが，区別をするために前者を「とがりょう」，後者を「あやまちりょう」と読むことがある。

コラム 2-23　執行罰と秩序罰

　同じ過料を課すものである執行罰と秩序罰の違いは，行政法の古典的な論点である。これについては，執行罰は将来の義務履行確保を目的とするもので，義務履行があるまで繰り返し課すことができるのに対し，秩序罰は過去の違反に対する制裁で，一度しか科すことができない点で異なる。

（2）　新たな制裁手段

> 様々な制裁手段の
> 存在

行政刑罰と行政上の秩序罰の2つは伝統的な制裁手段として取り上げられてきた。これに対し，戦後の行政法の発展に従って，個別法分野において定められている様々な金銭的制裁手段や，行政目的実現のためになされる多様な手法にも注目が集まるようになった。以下ではそのような新たな手法について概観する。

> 課　徴　金

独禁法においては不当な取引制限（カルテル）を行った者に対して**課徴金**の納付を命じる制度が設けられている（独禁7条の2第1項）。課徴金の性質は当初はカルテルによって得た不当な利得を剥奪するものと位置付けられていたが，現在では，違法行為によって得た利益の剥奪にとどまらない行政上の制裁金として位置付けられている（宇賀・概説Ⅰ）。

　課徴金制度は金融商品取引法，景表法，薬機法においても導入されるなど，近時はその利用が広がりつつある。

> 公　　表

法律の中には，義務の不履行や行政指導に対する**不服従の事実の公表**を定めるものがある。例えば，個人情報保護法は，個人情報保護委員会の違反行為の中止の勧告に係る措置をとるべき命令に従わない事業者名の公表を定めている（個人情報148条4項）。

　このような違反事実の公表がなされると公表の相手方の社会的信用は失墜してしまう。そこで法的な統制が求められるのだが，通説によれば，公衆の被害を防ぐための情報提供を目的とする限りで，公表は法律の根拠が無くても行うことができるとされる。一方で違反への制裁として公表を行う場合には，法律の根拠が必要であると

する説が有力であるが，両者の区別は不明瞭である。

　公表は事実行為であるので，処分性は認められないが，当事者訴訟を通じて争う余地があると言われる。また行政機関の公表による損害については国家賠償請求が可能である。

> ### 給付拒否

私人の不適正な活動に対して，行政機関が水道のような**生活必需サービスの供給を拒否する**という行政手法がある。これはかつて高度経済成長期の自治体の開発指導要綱において，行政指導に従わない場合に水道水の給水を拒否するということが定められたことから注目された。現在でも，条例でこのような制裁手段を定める自治体がある（東京都・都民の健康と安全を確保する環境に関する条例 104 条 1 項）。

　もっとも現在では，水道水の給水拒否は，水道料金の滞納のような「正当」な理由がある場合に限って認められると解されている（水道 15 条）（→コラム 2-14 ⇒94頁 参照）。

> ### 契約関係からの排除

行政機関は事業者にとって巨大な購入者・発注者である。実務上，なんらかの違反を行った者に対して，**指名競争入札での指名停止や一般競争入札への参加資格を認めない**といった措置がとられる場合があるが，こういった競争入札の相手方から排除されることは事業者にとって大きな痛手となる。このような契約関係からの排除は，事実上の制裁効果を持っていると言える。

> ### 税制上の措置

租税法上の制度だが，過少申告加算税（税通 65 条），無申告加算税（同法 66 条），不納付加算税（同法 67 条），重加算税（同法 68 条）のような納税義務者の一定の違反に対して課せられる**加算税**には制裁的側面があると言える。制裁論からは離れるが，租税重荷や租税優遇措置といった税

制による**誘導**は，政策実現において実務上重要な役割を果たしている。

コラム 2-24 **許可の取消処分の性質**

　1か月の営業停止命令や許可の取消しといった行政処分は，異説もあるが，営業の続行がそれ自体で公共の福祉を害するものであるのでそれに対処する必要があって行われるものであり，義務違反に対する制裁として位置付けられるものではないとする説が有力である（小早川・行政法上）。もっとも，このような立場に立っても，撤回のような処分が義務違反の抑止や適法性の確保に奉仕することは否定されない（塩野・行政法Ⅰ）。

3　即 時 強 制

即時強制の意義　行政機関による実力行使の制度の1つとして**即時強制**がある。**即時執行**とも呼ばれる。直接強制との対比で論じられることが多い手段であるが，直接強制では，営業所封鎖命令のような行政行為によって相手方に義務を課したうえで，実力行使として営業所の封鎖を行うような場合が想定されている。これに対して，即時強制は**義務の存在を前提とせずに人や物に実力の行使をする**制度である。

即時強制の例　即時強制について，伝統的行政法学では，義務を命じる暇のない緊急事態や，義務を命じることによっては目的を達成しがたい場合が想定されていた。即時強制の具体例としては，警察官職務執行法の犯罪の予防および

制止（警職 5 条），立入（同法 6 条），武器の使用（同法 7 条），消防法上の破壊消防（消防 29 条），精神保健及び精神障害者福祉に関する法律に基づく措置入院（精神 29 条）などが挙げられる。いずれも国民の身体や財産に対して行政機関の職員が直接実力を行使するものである。

> ### 即時強制への法的統制

即時強制は国民の身体や財産への直接的な侵害となるため，これを行うには法律の根拠が必要である。即時強制は義務履行確保手段ではないので条例によっても定めることができるとされる。直接強制とは対照的に即時強制は多くの法律で定められているが，人権保障の観点から，感染症予防法 16 条の 3 の検体の採取や 17 条の健康診断のように実力行使に際して事前に勧告を行うなどの手続保障規定を置くものもある。即時強制にも行政法の一般原則は適用され，行う際には比例原則に従って行われなければならない。

　即時強制として行われる実力行使に対する救済手段として，施設への収容のような継続的な権力的事実行為には，取消訴訟の提起が認められる（行政上の不服申立ての場合について，**第 3 編第 3 章 2 (1)**^{⇒221 頁}参照）。また，即時強制は公権力の行使であるので差止訴訟が可能であると考えられる。即時強制による被害への金銭的補償としては国家賠償と損失補償の両方がありうる。

第5章

行政情報の管理と公開

情報は行政機関によって収集，管理，利用，公開される。本章では，まず行政機関による情報収集活動として行政調査を概説したうえで，行政機関情報公開法，公文書管理法，個人情報保護法といった行政機関の情報の収集，管理，利用，公開に関する法制度を概観する。

1 行 政 調 査

(1) 行政調査の意義と種類

行政調査の意義

行政機関の保有する情報は，国民からの届出，許可申請，公益通報などによっても得られるが，行政機関は自らの判断で調査活動を行い，情報を取得することができる。例えば，国勢調査のような各種統計調査活動が行われているが，そのような一般的な情報収集活動のほかに，関係者への質問や事業所への立入調査など，行政処分のような具体的行政措置に先行して情報収集のために行われる調査活動がある。ここではそれらを**行政調査**と位置付けて概説する。

行政調査として行われる活動の中には即時強制としての性質を持つものがある。そこで，かつての行政法体系では行政調査は即時強制の一種として論じられていたが，多様な手法が法定されており，

また調査活動に対する特有の人権保障も必要となることから，現在では行政調査は独立した項目を設けて説明されるのが通例である。

　行政調査の分類法にも様々なものがあるが，強制の有無，態様という観点からは行政調査は①**任意調査**，②**間接強制調査**，③**強制調査**に分類することができる。

> **任 意 調 査**

法的拘束力が無く相手方が調査に応じるか否かを任意に決定することができるものを任意調査と呼ぶ。質問，立入調査といった形で法定されている。任意調査は相手方の同意に基づいて行われ，任意調査において相手方の抵抗を排除するような実力行使を行うことはできない。

> **間接強制調査**

任意調査の一種ではあるが，国民が調査に応じない場合に罰則が科せられるものを間接強制調査（準強制調査）と呼ぶ。間接強制調査においても相手方の抵抗を排除するような実力行使を行うことは認められていないが，罰則の威嚇力により国民は調査を受忍せざるを得なくなる。行政調査と呼ばれるものにはこの類型が多い。質問，検査，立入調査，報告の要求といった定めを法律に置き，それに対する妨害や不協力を処罰する罰則規定を設けている場合がこれに当たる。国税通則法74条の2の定める質問検査（いわゆる**税務調査**）はその典型である。

> **強 制 調 査**

実力を行使して相手方の抵抗を排除して調査を行うことができる場合は強制調査と呼ぶ。国税通則法や独禁法に定めがある**犯則調査**と呼ばれる活動に際して許容されている臨検，捜索，差押えがこれに当たる。

> **その他の調査**

上の3つは典型的な立法例であり，他の手法も存在する。例えば，生活保護法28条5項は，立入調査の拒否や妨害のペナルティとして生活保護の変更，

停止，廃止のような給付の停止を定めている。

コラム 2-25　犯則調査

　刑事告発が行われるような一定の罪に係る事件を犯則事件と呼び，犯則事件に係る調査のことを犯則調査と呼ぶ。犯則調査の手続は国税通則法 131 条以下，独禁法 101 条以下，金融商品取引法 210 条以下などに定めがある。簡単に言えば，警察や検察が刑事訴訟法に基づいて犯罪事実の捜査をして証拠収集や訴追をする代わりに，一定の行政犯について，行政機関の職員が法定の犯則調査手続に従って犯則事実の調査を行って証拠収集や刑事告発をする手続となる。犯則調査の手段としては任意調査と強制調査が定められるのが通例である（税通 131条・132 条）。

　犯則調査は，本来は司法警察職員などが捜査にあたるべきところ，証拠収集に特別の知識と経験を要することや発生件数の多さから，特に行政機関の職員が犯則事実の存否と内容を解明することを目的とする手続である（金子・租税法）。最判昭和 59・3・27 刑集 38 巻 5 号2037 頁は租税犯則調査の手続は「実質的には租税犯の捜査としての機能を営むものであって，租税犯捜査の特殊性，技術性等から専門的知識経験を有する収税官吏に認められた特別の捜査手続としての性質を帯有する」としている。

（2）　行政調査と法治主義

> **法律の根拠**

　行政調査を行うにあたり，全くの任意で実力行使を伴わない任意調査であれば法律の根拠は不要である。それに対して間接強制調査として罰則を設ける場合や，強制調査として国民の身体や財産への実力行使を行うなら

法律の根拠が必要である。

| 自動車の一斉検問 |

警察が行う**自動車の一斉検問**についてはその法律の根拠は何なのかがかつて議論となっていた。最決昭和 55・9・22 刑集 34 巻 5 号 272 頁は，その根拠を組織規範である警察法 2 条 1 項に求め，「交通の安全及び交通秩序の維持などに必要な警察の諸活動は，強制力を伴わない任意手段による限り，一般的に許容されるべきである」として，一斉検問も「相手方の任意の協力を求める形で行われ，自動車の利用者の自由を不当に制約することにならない方法，態様で行われる限り」適法であるとした。任意調査と位置付けたということになる。

| 職務質問における
所持品検査 |

一般的には任意調査や間接強制調査における質問には実力行使は認められないとされる。もっとも，法律の根拠がある調査の場合は個別法の解釈が必要である（塩野・行政法 I）。最判昭和 53・9・7 刑集 32 巻 6 号 1672 頁は，警察官職務執行法 2 条の任意調査である質問の規定に基づいて行われる**職務質問**に関し，「捜索に至らない程度の行為は，強制にわたらない限り，たとえ所持人の承諾がなくても，所持品検査の必要性，緊急性，これによつて侵害される個人の法益と保護されるべき公共の利益との権衡などを考慮し，具体的状況のもとで相当と認められる限度において許容される場合がある」としている（ポケットに手を差し入れて覚醒剤を取り出したことは許容限度を超えたものであるとされている）。

（3）　行政調査の手続

| 調査の事前通知 |

判例は行政調査に際して事前の通知を求めていない。最決昭和 48・7・10 刑集 27 巻

7号1205頁（荒川民商事件）は，税務調査における質問検査の範囲，程度，時期，場所等については権限ある税務職員の合理的な選択に委ねられているとしている。もっとも同決定は，調査の必要性と相手方の私的利益との衡量において社会通念上相当な程度にとどまることも要求している。

　抜き打ち検査のような場合には，相手方に通知を行う必要はないが，実務上，行政調査に関する条文に従って実施される事業者に対する定期的な検査のような場合には，事業者に事前通知を行った方が，調査の円滑な実施ができる。そこで法律上，例外的な場合を除いては調査の相手方に対する事前通知を求めるものもみられる（税通74条の9，自園62条2項）。

　　　令状主義　　　憲法35条の令状主義が行政調査にも適用されるかについて，最判昭和47・11・22刑集26巻9号554頁（川崎民商事件）は間接強制調査が定められている税務調査においては適用されないとした。もっとも同判決では，行政調査においても令状主義を定めた憲法35条や黙秘権を定めた憲法38条が適用される場合があることが示されている。

　強制調査においては相手方の抵抗を排除する実力行使が認められていることから憲法35条との関係が特に問題となるので，強制調査については裁判官の許可を必要とすると定める法律が多い（税通132条1項，独禁102条1項）。

　　行政調査と刑事捜査の関係　　法律において，行政調査の権限は犯罪捜査のために認められたものと解釈してはならないとの定めが置かれることが多い（税通74条の8，自園35条4項）。

　一般的な課税のための調査を税務署が税務調査によって行い，租

税犯についての調査を国税局が犯則調査（**コラム 2-25** で紹介したとお
り行政調査であるが性質上は刑事捜査に近い）によって行うという関係
に立つような場合，組織間での情報の融通が許されるのかという問
題がある。

⇒123 頁

　最決平成 16・1・20 刑集 58 巻 1 号 26 頁は，A 税務署が税務調査
で得た情報について B 国税局査察課に資料提供し，相手方を内偵
中であった B 国税局査察課がそれに基づいて犯則調査として行わ
れる臨検・捜索を行ったという事件であった。判決は「質問又は検
査の権限の行使に当たって，取得収集される証拠資料が後に犯則事
件の証拠として利用されることが想定できたとしても，そのことに
よって直ちに，上記質問又は検査の権限が犯則事件の調査あるいは
捜査のための手段として行使されたことにはならない」として，A
税務署の調査に違法性はなかったとしている。

　逆に，犯則調査で得られた資料を行政処分である課税処分および
青色申告承認の取消処分を行うために利用することは許されるとし
た判例（最判昭和 63・3・31 判時 1276 号 39 頁）がある。

> **身分証の携帯**

多くの法律では調査に当たる行政機関の職
員に身分証の携帯を義務付けている（税通
74 条の 13，自圍 35 条 3 項）。

（4）　行政調査の瑕疵

> **行政調査の瑕疵の効果**

行政調査に瑕疵があった場合，その調査で
得られた情報に基づいてなされた行政処分
もまた瑕疵を帯びたものになるかどうかが
問題となる。学説では，調査と処分は独立した手続なので調査の違
法は当然に後続処分の違法を構成しないが，行政調査に重大な瑕疵

があった場合にはその調査を経てなされた行政処分も瑕疵を帯びるとする説が有力であり，裁判例にも行政調査の違法性が重大な場合には行政行為の取消原因となることを認めるものがある（東京高判平成3・6・6訟月38巻5号878頁）。また，調査自体の違法とは異なるが，最判平成4・10・29民集46巻7号1174頁（伊方原発判決）は，専門的機関における調査審議の過程での過誤・欠落が原子炉設置許可処分に係る判断の不合理を導くことを示している。

2　行政機関情報公開法

情報提供と情報開示請求

情報公開と言うと，行政機関の自主的な判断や法令等による義務付けによって国民に情報を提供することがまず考えられるところである。これを**情報提供**と呼ぶ。

それに対して，国民からの請求に基づいて行政機関が保有する文書を請求者に開示する**情報開示請求制度**として，平成11（1999）年に制定された**行政機関情報公開法**がある。国民は行政機関情報公開法に基づき，行政機関が保有する文書の開示請求をすれば，その文書の開示を受けることができ，実際に閲覧することができるのである。

行政機関情報公開法の目的と対象機関

行政機関情報公開法の目的規定で目を引くのは，国民主権に則って文書開示請求権を定めることにより，「国民に説明する責務が全うされる」ことを目的に挙げていることである。これは政府の説明責任（アカウンタビリティ）を定めたものと解されている（行政情報公開1条）。文書開示請求の対象となるのは，国の行政機関であ

る（同法 2 条）。裁判所や国会，地方公共団体，独立行政法人は文書
開示請求の対象機関とならない。もっとも独立行政法人については
独立行政法人情報公開法が存在するし，地方公共団体については独
自の情報公開条例が定められているのが通例である。

> **対象文書**

行政機関情報公開法の文書開示請求の対象
となる文書を対象文書と呼ぶが，対象文書
となるのは行政文書である（行政情報公開 3 条）。行政文書は，「行政
機関の職員が職務上作成し，又は取得した文書，図画及び電磁的記
録……であって，当該行政機関の職員が組織的に用いるものとして，
当該行政機関が保有しているもの」を指す（同法 2 条 2 項柱書き。新
聞類や公文書管理法の特定歴史公文書等は行政文書から除かれ，開示請求
の対象外となる。同項各号）。

> **開示請求**

行政機関情報公開法は，何人も行政機関の
長に文書開示請求をすることができると定
めている（行政情報公開 3 条）。「何人も」なので外国人も文書開示請
求が可能である。開示請求は，個人が開示請求をする場合は，開示
請求をする者の氏名，住所，行政文書の名称その他の開示請求に係
る行政文書を特定するに足りる事項を記載した書面を行政機関の長
に提出することによって行う（同法 4 条 1 項）。請求の理由，目的を
記載する必要はない。開示請求に際しては政令で定める額の手数料
を納めなければならない（同法 16 条 1 項）。

> **開示または不開示の
> 決定**

行政機関の長は開示請求があった場合，不
開示事由が記載されている場合を除き，開
示請求者に対して文書を開示しなければな
らない（行政情報公開 5 条）。開示・不開示の決定は開示請求があっ
た日から 30 日以内にしなければならない（同法 10 条 1 項。30 日以内

に限り延長が認められているし，文書が大量の場合はさらなる延長も認められている。同条2項・11条）この仕組みは行政手続法の申請に対する処分であるので，行政機関には審査基準の設定と不開示処分に際しての理由提示が義務付けられる（行手5条・8条）。

> 不開示事由

文書に行政機関情報公開法5条各号所定の不開示事由が記載されている場合，行政機関の長は当該文書の不開示決定をすることができる。不開示事由として挙げられているものを大雑把に示すと以下のようなものがある。

① **個人情報** 特定の個人を識別することができる情報のことで，個人の氏名や住所のような情報を指す。この個人情報には他の情報と照合することにより，特定の個人を識別できるものも含まれる（1号。1号但書イ〜ハには，公務員の職のような，個人情報であっても不開示にしてはならない義務的開示事由が列挙されている）。

② 個人情報保護法の**行政機関等匿名加工情報**（1号の2）。

③ **法人情報** 公表することで当該法人の競争上の地位が害される企業の経営ノウハウのような5条2号イ・ロに挙げられた情報のことを指す（2号）。

④ **国家安全情報** 外交上の秘密文書のような情報を指す（3号）。

⑤ **公共安全情報** 犯罪捜査に関わる文書のような情報を指す（4号）。

⑥ **審議検討等情報** 審議会の発言録のような行政機関内部または相互間での審議，検討，または協議に関する情報で公表すると率直な意見交換，意思決定の中立性などが不当に害される情報を指す（5号）。

⑦ **事務事業情報** 人事管理に関する情報のように5条6号イ〜ホに列挙された事務または事業に関する情報を指す（6号）。

　条文構造上，3 号および 4 号の不開示事由については行政機関に
要件裁量は認められるが，それ以外の不開示事由については裁量は
認められないとされる。

> 不開示に関する判例

文書の不開示処分が争われる訴訟は多いが，
若干の判例を紹介する。

　最判平成 6・3・25 判時 1512 号 22 頁は，京都府情報公開条例に
関する事件であるが，鴨川改修協議会に提出されたダムサイト候補
地点選定位置図を意思形成過程に係る不開示事由に該当するとした
原審の判断が支持されている。行政機関情報公開法 5 条 5 号の審議
検討等情報についての参考となるものである。

　最判平成 30・1・19 判時 2377 号 4 頁は，俗に官房機密費と呼ば
れる内閣官房報償費に関して，報償費支払明細書のうち調査情報対
策費および活動関係費の各支払決定に係る記録部分は行政機関情報
公開法 5 条 3 号または 6 号所定の不開示情報に該当するとし，政策
推進費受払簿ならびに出納管理簿および報償費支払明細書のうちそ
れぞれ政策推進費の繰入れに係る記録部分は不開示事由に該当しな
いとした。

> 不開示の実施

開示請求の対象となった文書の一部のみに
不開示情報が含まれているような場合，行
政機関の長は**部分開示**をすることができる（行政情報公開 6 条 1 項。
個人情報について同条 2 項）。実務上は，個人情報である氏名のよう
な不開示部分を黒塗りにして，文書の残りの部分を開示するという
形で行われる。

　不開示事由が記載されている文書であっても行政機関の長は，公
益上特に必要があると認めるときは，当該行政文書を開示すること
ができる（同法 7 条。裁量的開示）。また，A の前科の記録を開示し

て欲しいというような開示請求は，たとえ不開示にしても文書の存在を明らかにすること自体がプライバシーの侵害につながるが，このような場合，行政機関の長は，文書の存在・不存在を明らかにせずに開示請求を拒否する**存否応答拒否処分**をすることができる（同法8条）。

文書不開示処分に
対する救済

文書不開示処分や存否応答拒否処分を受けた開示請求者は，行政訴訟によってそれを争うことができる。行政不服審査法によって審査請求をする場合，行政機関情報公開法は，審査請求を受けた行政機関の長が形式要件を充たしていないとして却下裁決をする場合や全部認容の裁決をする場合以外は，総務省に置かれる**情報公開・個人情報保護審査会**への諮問を義務付けている（行政情報公開19条1項）（→コラム3-9）。
⇒228頁

　文書不開示処分に対しては裁判所に取消訴訟を提起することもできる。裁判所は実際に不開示となった文書を見分して審理を行うインカメラ審理を行わず，法廷における陳述や証拠に基づいて文書の内容を推測する推認の方法をとっている（宇賀・概説Ⅰ）。判例は情報公開訴訟において証拠調べとしてのインカメラ審理を行うことは，明文の規定がない限り許されないとしている（最判平成21・1・15民集63巻1号46頁）。

第三者の保護

文書に第三者に関する情報が記録されている場合，行政機関の長は開示決定をするに当たって，当該情報に係る第三者に対して通知をして，意見書を提出する機会を与えることができる（行政情報公開13条1項。1項は裁量的意見聴取であるが，2項は義務的意見聴取の場合を定めている）。開示に反対する意見書の提出があった場合，行政機関の長は開示決定の

日と開示を実施する日との間に少なくとも 2 週間を置かなければならない（同条 3 項）。第三者が開示決定を法的に争う機会を確保するための規定である。第三者は文書の開示決定に対して，審査請求を行ったり取消訴訟を提起したりすることができる。

コラム 2-26　　情報公開請求権の濫用

　　民主的な行政の推進に資するとして導入された情報公開制度であるが，実際には，行政機関の業務の妨害を意図して大量の文書開示請求をするといった，制度の悪用と思われる事例が見られる。

　　無意味な大量請求をして行政機関からの協力要請にも応じないというように，情報公開請求への対応が行政機関の業務の遂行に著しい支障を生じさせる場合で，その情報公開請求が業務に著しい支障を生じさせることを目的としたものである場合に，情報公開請求を権利の濫用であるとした裁判例がある（横浜地判平成 22・10・6 判例自治 345 号25 頁）。

3　公文書管理

公文書管理法の制定

　　情報公開制度の運用の中で，行政機関の公文書の管理がずさんだと文書開示請求をしても文書が見つからなかったり，重要な文書が廃棄されていたりするといった問題が明らかになった。このようなことから公文書の管理の重要性が認識されるようになり，平成 21（2009）年に公文書管理の一般法として**公文書管理法**が制定されるに至った。

公文書とは　公文書管理法の規制対象は公文書であるが，公文書とは，**行政文書**，**法人文書**，**特定歴史公文書等**を指す（公文書管理2条8項）。

　行政文書とは行政機関の職員によって職務上作成・取得された文書（同条4項）であり，法人文書とは独立行政法人の役員・職員によって職務上作成・取得された文書である（同条5項）。

　歴史資料として重要な公文書は歴史公文書等（同条6項）と位置付けられるが，国立公文書館等に移管された歴史公文書は特定歴史公文書等と位置付けられる（同条7項1号）。特定歴史公文書等は国立公文書館等によって永久に保存される（同法15条1項）。国立公文書館等に保存されている特定歴史公文書等について国民は利用請求ができる（同法16条1項）。国立公文書館については国立公文書館法が定めを置いている。

公文書管理法の内容　公文書管理法は，法令の制定・改廃の経緯などの文書について行政機関の職員に作成義務を課している（公文書管理4条）。

　行政機関の職員によって，行政文書が作成・取得された場合，行政機関の長は，行政文書について分類し，名称を付するとともに，保存期間および保存期間の満了する日を設定しなければならない（同法5条1項）。行政機関の長は保存期間が満了するまで公文書を保存しなければならない（同法6条）。保存期間が満了した公文書には，歴史公文書等として国立公文書館等への移管の措置がとられるもの以外は，廃棄の措置をとるべきことが，行政機関の長により定められる（同法5条5項）。

　このように，公文書管理法は公文書の作成，保存，廃棄（特定歴史公文書等については永久保存）という公文書のライフサイクルを定

めるものである。

　相互に密接な関連を有する行政文書をまとめた行政文書ファイル
については，行政文書ファイル管理簿を作成するなど，保存や廃棄
について特別の定めが置かれている（同法 5 条 2 項・6 条〜9 条）。行
政機関の長は行政文書に関して行政文書管理規則を定めなければな
らない（同法 10 条 1 項）。

4　行政機関個人情報保護

個人情報保護の歴史

　　　　　プライバシーの保護の考え方がわが国でも
　　　　　受け入れられるにつれ，個人に関する情報
である個人情報についても，個人の権利利益を不当に侵害すること
がないよう適正な取扱いが要求されるに至った。

　そこで，昭和 63（1988）年に行政機関の保有する電子計算機処理
に係る個人情報の保護に関する法律が制定されたことを皮切りに，
平成 15（2003）年には公的部門，民間部門，独立行政法人のそれぞ
れについて個人情報の収集，管理，利用，公開を規律する個人情報保
護関係 5 法が制定され，民間事業者については個人情報保護法によ
って，行政機関については行政機関の保有する個人情報の保護に関
する法律によって個人情報の適正取扱いが求められるようになった。

　その後，地方公共団体も含めた全国的な共通ルールの必要性が言
われるようになり，令和 3（2021）年に個人情報保護法制の一元化
を行う法改正が行われ，以降は**個人情報保護法**が行政機関にも適用
されるようになった。

保有個人情報

　　　　　個人情報保護法は，行政文書，法人文書，
　　　　　または地方公共団体等行政文書に記録され

ているもので，行政機関等の職員が「職務上作成し，又は取得した個人情報であって，当該行政機関等の職員が組織的に利用するものとして，当該行政機関等が保有しているもの」を**保有個人情報**と定義したうえで，行政機関の義務を定めている（個人情報 60 条 1 項）。個人情報保護法でいう行政機関等には国の行政機関のほかに，地方公共団体の機関（議会を除く）も含まれる（同法 2 条 8 項 11 項）。裁判所や国会は含まれない。

個人情報保護法の 規律

行政機関における個人情報の取扱いについて，個人情報保護法が定める行政機関等や行政機関等の長等への規律として以下のようなものがある。

　利用目的の特定や，利用目的を超える範囲での個人情報の保有の禁止（個人情報 61 条 1 項 2 項），個人情報取得の際の利用目的の明示（同法 62 条），違法行為を助長・誘発するような方法での個人情報の利用の禁止（同法 63 条），偽りその他不正の手段による個人情報の取得の禁止（同法 64 条），保有個人情報の正確性の確保の努力義務（同法 65 条），行政機関の長が保有個人情報の漏えい，滅失または毀損の防止その他の保有個人情報の安全管理のために必要かつ適切な措置を講じること（同法 66 条），漏えい等があった場合の個人情報保護委員会への報告義務（同法 68 条），保有個人情報の目的外利用・提供の禁止（同法 69 条 1 項。本人の同意がある場合等はこの限りではない。同条 2 項），外国に保有個人情報を提供する場合の本人の同意の要求（同法 71 条），である。

　また，行政機関等の職員または職員であった者は業務上知り得た個人情報の内容をみだりに他人に知らせてはならない（同法 67 条）。

開示・訂正・利用
停止請求

保有個人情報について本人は**開示請求**（個人情報 76 条 1 項），**訂正請求**（同法 90 条 1 項），**利用停止請求**（同法 98 条 1 項）を行うことができる。開示請求は訂正請求や利用停止請求に先行するが，開示によって個人情報の不適正な取扱いが判明したなら，訂正や利用停止を求めることができるのである。これらの請求を拒否する処分についての救済手段に関しては行政機関情報公開法と同様であり，審査請求に関しては，行政機関情報公開法と同様に，**情報公開・個人情報保護審査会**への義務的諮問が定められている（個人情報 105 条 1 項）。また，審査基準の設定と不開示処分の場合の理由提示のような行政手続法の申請に対する処分の手続も適用される（行手 5 条・8 条）。

　開示請求については本人が自身に関する保有個人情報の開示を求めるものだが，規定上は，本人の生命，健康，生活または財産を害するおそれがあるときが不開示事由に加えられているほかは（個人情報 78 条 1 項 1 号），行政機関情報公開法と同様のものが定められている。

　訂正請求に関する判例として，保険医療機関 A が診療報酬請求のために，B 市に提出したレセプト（国民健康保険診療報酬明細書）について，B 市市長が訂正しない旨の処分をしたことは違法ではないとしたものがある（最判平成 18・3・10 判時 1932 号 71 頁）

個人情報ファイル

個人情報保護法は，検索可能なように体系的に構成された保有個人情報を含む情報の集合物を**個人情報ファイル**としている（個人情報 60 条 2 項）。個人情報ファイルについて，行政機関の長等は個人情報ファイル簿を作成して公表しなくてはならない（同法 75 条）。また特に個人情報ファ

イルのうちの**電子処理ファイル**（同法 60 条 2 項 1 号）の保有には行政機関の長等に個人情報保護委員会への事前通知が要求されている（同法 74 条 1 項）。

| 行政機関等匿名加工情報 |

個人情報保護法は，いわゆるビッグデータに用いられるような，個人情報に匿名化の加工がされて復元ができなくされた情報のことを**匿名加工情報**と位置付けている（個人情報 2 条 6 項）。同法は，所定の要件を充たす，個人情報ファイルを構成する保有個人情報の全部または一部を加工して得られる匿名加工情報を，**行政機関等匿名加工情報**としている（同法 60 条 3 項）。

　個人情報保護法は，行政機関の長等が行政機関等匿名加工情報を作成することができることを明文化したうえで（同法 109 条），民間事業者による利用や活用を促進する観点から，行政機関等匿名加工情報を用いて行う事業の提案の募集（同法 111 条・112 条）などの特別の定めを置いている。

| 個人情報保護委員会 |

上の規律の円滑な運用を確保するため，個人情報保護法は，個人情報保護委員会の他の行政機関の長等への監視権限を定めている（個人情報 156 条〜160 条）。

| コラム 2-27 | **本人開示の場合の行政機関情報公開法と個人情報保護法の関係** |

　行政機関情報公開法と個人情報保護法の関係が問題となるのは，文書開示請求を通じて自分自身に関する情報の開示を求める本人情報の開示の場合についてである。この場合，行政機関情報公開法と個人情報保護法の 2 通りの文書開示請求のルートがあることになるが，本人

情報については個人情報保護法を通じて開示請求をすべきとするのが実務である。

5　マイナンバー

> **番　号　法**

番号法は平成 25（2013）年に制定された。**番号法**はいわゆるマイナンバーである個人番号を含む個人情報を特定個人情報と位置付け（番号 2 条 8 項），個人情報保護法の特別法として，個人番号の利用や特定個人情報の利用，提供への厳格な制限を定めている。

　番号法の定める個人番号カード（同法 2 条 7 項）は一般にはマイナンバーカードと呼ばれているが，近時は，電子資格確認（健保 3 条 13 項）を通じた，いわゆる健康保険証との一体化など，その利用範囲の拡大が図られている。

第6章

行政過程における私人，公法と私法

これまでの章は，もっぱら行政機関が国民に対して行政活動を行う過程を見てきた。本章では行政過程における私人の地位を振り返り，次に，私人が行政庁に対して何らかの行為を行い，それに基づいて行政庁が処分を行う場面を検討する。加えて，公法と私法の関係に関わる議論を紹介する。

1　私人の地位

防御的地位

行政機関が行政活動を行う場合，相手方が私人となることが多い。ここで私人は行政に対していかなる地位に立つかを見ておこう。

まず，憲法学で論じられる自由権が問題となるような場面として，即時強制や不利益処分がなされた場合のように，私人が行政から何らかの侵害を被る場面が挙げられる。このような場合，私人は行政による権限行使を受ける**防御的地位**に立つ （*タイプ2*）。私人が行政に対して許可申請をし，行政から申請拒否処分（あるいは許可処分）を受けるという場合も （*タイプ1*），許可制の仕組みは一般的禁止の解除であることを考えれば，この地位の延長と考えることができる。

しかしある者に対して，許可の取消処分のような不利益処分を行うことが，別の者にとっては利益となるというような場合がある。

処分の種類で言えば**二重効果的処分**となるが，このような場合の法律関係は三面関係となる。とはいえ処分を受ける者が防御的地位に立つことは変わりない。こういった場合，侵害的な処分を受ける者の自由，財産または地位が法的に保護されるものであれば，訴訟によって救済を受けることができる。逆に，ある者が営業許可処分のような利益処分を受けることが，第三者にとって不利益になる場合もある。これも二重効果的処分の一種である（（タイプ3））。

> **受益的地位**

憲法学で論じられる社会権が問題となるような場面として，私人が行政から何らかの給付を受けるような**受益的地位**に立つ場合がある。給付は，水道サービスの提供であったり補助金の給付であったりと様々である。

　このような場合の法律関係は，多くの場合は申請に基づいて給付が行われるだろう（（タイプ1））。申請が拒否されたならば，私人の給付を受ける地位や権利が法的に保護されるものであれば，訴訟によって救済を受けることができる。また，他者に対する給付がある者にとって不利益となる場合もあるかもしれない（（タイプ3））。

> **参加的地位**

憲法学で論じられる参政権が問題となるような場面として，私人が行政決定に参加する**参加的地位**が挙げられる。この場合も行政決定に参加できる地位や権利が法的に保護されるものであれば訴訟によって救済を受けることができる。

> **公権力の発動を求める地位**

私人が行政機関に**第三者に対する一定の公権力の発動を求める地位**もある。第三者の活動によって私人が損害を被っているような場合，私人は行政機関に対して，当該第三者に対する行政指導や行政処分を求めることになる。**行政介入請求権**の問題として論じら

れる場面だが，そのような地位も法的に保護されるものであれば訴
訟によって救済を受けることができる（**タイプ4**）。

　行政手続法 36 条の 3 は，法令違反の是正のために行政機関に対
して行政処分または行政指導を求める**処分等の求め**の手続を定めて
いるが，まさにこのような場面での利用を想定した規定である。

2　私人の行為と行政行為の効果

私人の行為の撤回　私人の許可申請に基づいて許可処分がなさ
れるというような場合（**タイプ1**），私人の
申請以外の行為が後の行政行為にどのような影響を与えるかという
問題が生じる。

　私人の意思表示が行政側に到達していた場合，それを撤回するこ
とができるだろうか。民法は契約の申込みが相手方に到達したとき
の撤回の制限を定めているが（民 523 条 1 項・525 条 1 項），行政法
においては処分がなされるまでであれば，相手方に到達していても撤
回をすることができる。最判昭和 34・6・26 民集 13 巻 6 号 846 頁
は，公務員の退職願の撤回を認めている。

私人の行為の瑕疵　私人の意思表示に瑕疵があった場合，それ
に基づく行政処分も瑕疵あるものになるの
ではないかという問題がある。

　私人の意思表示については，一般的には民法の法律行為に関する
規定の適用がある。例えば脅迫による公務員の退職願は，民法 96
条 1 項により取消しをすることができる（東京地判昭和 57・12・22 行
集 33 巻 12 号 2560 頁）。そして退職願が取り消されたとすると，その
退職願に基づく退職処分は違法なものとなる。詐欺や脅迫があった

場合については法律上特別の定めが置かれる場合がある。地方自治法74条の3第2項は詐欺または脅迫による住民投票の署名を無効とする手続を定めている。

　一方で，全面的に民法が適用されるわけではなく，法律上の仕組みの解釈から民法の規定の適用が認められない場合がある。例えば，民法は意思表示に錯誤があった場合，取り消すことができるとしているが（民95条1項），納税申告の計算の誤りによる過大な税額の是正などについては法律上，更正の請求による必要があり（税通23条1項），民法の錯誤の主張を許すとこの手続を潜脱することになる。最判昭和39・10・22民集18巻8号1762頁は，確定申告に際しての記載内容の錯誤の主張を認めなかった。

3　公法と私法

> 公法私法二元論の
> 克服

今まで見たように，行政法上の法律関係は，おおむね国民と行政との縦の関係で把握される。それに対して，民法に代表される私法上の法律関係は対等な当事者間の横の関係で説明されることが多い。

　かつての伝統的行政法学は行政法を**公法**と位置付け，公法を行政の権力性や国民に対する行政主体の優越性で特徴付けて，公法は私法と異なる法世界であると説明していた。このような行政法観は**公法私法二元論**と呼ばれる。公法私法二元論は，戦後行政法学によって厳しく批判され，公法と私法の区別を否定する説が有力に主張された。

　現在では，行政の特権的地位を強調したかつての公法私法二元論

は否定されている。そのうえで，訴訟法上の区分としての公法と私法の存在は認めつつも，実体法解釈上有用な概念として公法概念が機能するか否かが議論されているというのが現状であろう。

　とはいえ，かつて公法私法二元論との関係で議論されていた行政法上の法律関係の特色に係る論点は依然として，法解釈上の意義を持っているので，以下で簡単に概説する

> **公法の存在**

まず，公法上の当事者訴訟（行訴4条）のように，実定法上，公法という概念が存在していることは疑いの無いところである。判例にも公法という概念を用いて説明するものがある（公務員の勤務関係について最判昭和49・7・19民集28巻5号897頁，自衛隊の基地建設を目的とする土地売買契約について最判平成元・6・20民集43巻6号385頁）。

> **公権の性質**

選挙権や社会保障給付の受給権などの国家と個人との間に成立する権利のことを**公権**と呼ぶ。公法私法二元論の下では公権の特徴として，私権と異なり一身専属的なものであって譲渡や相続の対象とならないことが挙げられ（**公権の不融通性**），公権と私権の性質の違いが強調されていた。

　選挙権のような権利については公権の不融通性の命題は依然として当てはまるのだが，現在の行政法では，個々の権利に関する実定法の定めや権利が認められた目的に従って譲渡可能か否かを判断するべきであるとされている。判例によれば，地方議会議員の報酬請求権は譲渡できるが（最判昭和53・2・23民集23巻1号11頁），生活保護受給権は一身専属的権利であって相続の対象とならない（最大判昭和42・5・24民集21巻5号1043頁）。被爆者援護法の健康管理手当の受給権は，申請者の一身専属的権利とは言えず，相続の対象となるとされた（最判平成29・12・18民集71巻10号2364頁）。

> **特別法としての行政法**

　私法上の法理や規定が行政法上の法律関係に適用されるかどうか，適用されるとしていかなる態様なのかが問題となる場合がある。例えば自治体が住民に提供している公営住宅について，最判昭和 59・12・13 民集 38 巻 12 号 1411 頁は，「公営住宅の使用関係については，公営住宅法及びこれに基づく条例が特別法として民法及び借家法に優先して適用されるが，法及び条例に特別の定めがない限り，原則として一般法である民法及び借家法の適用があり，その契約関係を規律するについては，信頼関係の法理の適用がある」としている。

　他の有名な判例として，隣地境界線付近での建築について相矛盾するような定めを置く建築基準法 65 条と民法 234 条 1 項の関係について，建築基準法の当該規定は民法の特則を定めたものであるとした最判平成元・9・19 民集 43 巻 8 号 955 頁がある。

> **登記に関する規定の適用**

　民法 177 条は不動産物権変動の対抗要件として登記を定めているが，この規定が行政法上の法律関係に適用されるかについては，法律の趣旨や仕組みに従って解釈される。最大判昭和 28・2・18 民集 7 巻 2 号 157 頁は旧自作農創設特別措置法に基づく農地買収処分に民法 177 条の適用を認めなかったが，最判昭和 31・4・24 民集 10 巻 4 号 417 頁は税務署長の滞納処分による土地の差押えに民法 177 条の適用を認めている。

> **行政法規違反の行為の民事法上の効力**

　違法な無許可業者から私人が商品を購入したというような，行政法規に違反した民事取引の効力について，かつての判例は，その行政法規が**取締法規**であるか**強行法規**であるかで区別していた。

例えば取締法規である食品衛生法の許可を受けない食肉販売は無効なものとはならないが（最判昭和35・3・18民集14巻4号483頁〔食肉取引事件〕），旧臨時物資需給調整法の下での無資格者による煮干し鰯販売は，同法が強行法規であるので無効とされたのである（最判昭和30・9・30民集9巻10号1498頁〔煮干しいわし事件〕）。

　現在では，行政法規に違反した民事取引の効力に関しては，強行法規への違反でない場合，民法90条の公序良俗違反の問題として，多様な要素を総合的に考慮して判断するという方法が有力である（宇賀・概説Ⅰ）。最判平成23・12・16判時2139号3頁は，違法建築の建築請負契約は公序良俗に反し無効であるとしている。

第 3 編

行政救済法

第 1 章

行政救済法概論

　行政活動によって何らかの不利益を受けたり，受ける可能性がある人を救済するための法的仕組みをまとめて，行政救済法という。本章では，ここまで学んできた行政過程論との関係を踏まえながら，行政救済法の全体像を見ていこう。

1　行政救済法とは

　　行政救済法とは　　行政救済法は，行政活動で何らかの不利益を受ける者に対する救済を求めるにはどうするかについて検討する。

　その解決方法は，大きく2つに分かれている。**行政争訟**は，違法（または不当）な行政活動の効力を，裁判所による判断や行政機関内での見直しによって取り消したりすることで救済を図る仕組みである。これに対し，**国家補償**は，行政活動によって生じた不利益を，金銭により救済する仕組みである。

　　行政争訟の2類型　　**行政争訟**は，違法（または不当）な行政活動につき，その効力を争うための仕組みである。そのうちの1つは，裁判所に対して訴えを提起し，判決による救済を求める**行政訴訟**である。これについては，行政事件訴訟法が

定められている。

　もう1つは，行政機関に対して不服を申し立てる仕組みであり，それを**行政上の不服申立て（行政不服審査）**という（行政訴訟の様々な類型→本編第2章1(2)⇒153頁を，行政上の不服申立てでは違法性に加えて不当性も審査されることにつき→本編第3章1⇒218頁を参照）。これについては行政不服審査法が定められている。

> 国家補償の2類型と「谷間」

　国家補償は，対象となる行政活動が違法なのか，それとも適法なのかによって2つの類型に分かれる。

　国家賠償は，違法な行政活動により私人に損害が生じているときに，国や公共団体がそれを賠償する仕組みである。これについて規定している法律が，国家賠償法である。

　損失補償は，適法な行政活動によって私人に大きな損失が生じているときの金銭的補塡に関する仕組みである。個別の法制度内において特別な規定がある場合も多いが，そのような規定がない場合には憲法29条3項を用いた請求が可能かが議論される（→本編第4章2⇒261頁）。

　ただし，実際には両者のいずれでも救済が難しい「**国家補償の谷間**」と呼ばれる問題がある（→本編第4章3⇒271頁）。

2　行政過程論で学んだこととのつながり

> 「違法性」について判例で学ぶために

　これから行政救済法を学ぶ人は，今までの学習で判例教材を用いたことがあれば，その「事案の概要」をよく見ていただきたい。裁判になっているということは，その事案は上記の（行政不服審査を除く）いずれかの形式をもって，裁判所に訴えが提出されたとい

149

うことである。争い方の前提として，どの訴訟類型が選択されているのか，それにより何を主張しなければいけないのかが変わってくるので，判例から学ぶためには，行政救済法の学習が不可欠となる。教材ではその一部の争点しか取り上げていないことが多いため見落とされがちであるが，実際に紛争を扱うためには，どのような形式で争えばよいか，という観点が必要となる。

　特に行政訴訟の抗告訴訟と国家賠償法 1 条 1 項の訴えでは，ともに「違法性」が本案勝訴要件として必要になるところ，その違法性判断のために，行政過程論で学んだことが活きてくる。

行政過程と司法過程
の連続性

行政争訟や国家賠償によって行政活動の違法性が認定されると，当該事件の救済としても，また同種の事件で違法な取扱いをしないようにするという観点からも，行政過程でも見直しが行われなければならない。例えば，許可を求める申請をしたにもかかわらず，それに対して拒否処分を受けたという事例につき図式化すると**図表7** のようになる。

　私人からの申請に対し，行政庁が行政処分として申請拒否処分をしたところ，それを不服として私人が取消訴訟を提起する（提訴）と，舞台は司法過程に移る。裁判所において，私人が原告として，処分をした行政庁が属する国または公共団体を被告として，訴訟手続が行われる。口頭弁論が終結すると，裁判所による司法判断が判決として下され，それが確定すると，今度はその判決効を前提として，もう一度，行政過程が再開する，というイメージである（実際の紛争では，訴訟進行中に行政過程が進行し〔事情が変わって〕職権取消しや撤回等が行われることもある）。

　国家賠償法における判決効はあくまで当該事件についての賠償責

図表7　行政過程と司法過程の連続性

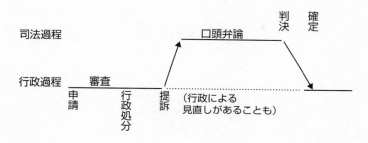

任についてであるので，必ずしも再開後の行政過程で見直しが行われるわけではないが，裁判所によって「違法」だと判断された箇所についての見直しは行われることが多い（法律による行政の原理の要請からすれば，それが望ましい）。

コラム 3-1　民事法科目とあわせて学ぶための工夫

　行政争訟について定めた行政事件訴訟法は民事訴訟法の特別法（特則）であり，国家賠償について定めた国家賠償法は民法の不法行為部分の規定の特則である。そのため，これらの箇所を本当の意味で理解するには，対応する民事法科目の理解も必要となる。

　行政救済法を初めて勉強するタイミングでは，コンパクトな各科目の入門書や，「法学入門」系の教科書・テキストの「民事訴訟の仕組み」の項目などと合わせて学習するとよい。

第 2 章

行政訴訟法

行政活動そのものの違法是正等を求める行政争訟のうち，裁判所に対して救済を求めるものを，行政訴訟という。行政訴訟について定める通則法である行政事件訴訟法は，民事訴訟法に加えて行政訴訟につき適用され，多様な訴訟類型を有している。原告が何を望むのか，どんな行政活動を対象として不服を申し立てようとしているのかによってどの訴訟を提起すべきか，どのような内容を主張すべきかが変わってくる。また，選択した訴訟類型ごとに，利用条件ともいうべき要件が異なるため，それらの違いに注意しながら学んでいこう。

1 行政訴訟とは

(1) 行政事件訴訟法の全体像

行訴法とは

行政事件訴訟法（行訴法）は，行政訴訟に共通するルールを定める法律（通則法）として，訴訟類型を定め，それぞれにつき訴えを適法に裁判所に係属させるために必要な要件（**訴訟要件**），訴えが認容されるために必要な要件（**本案勝訴要件**）や審理のあり方や判決効などについて，一般の民事訴訟に適用されるルールに加えて特別に適用されるルールを定めている（逆に言えば，本法に規定のない事項については民事訴訟と共通である〔行訴 7 条〕）。

　特に，行政活動の中でも，行政処分について集中して審理させ，取消しの訴えに期間制限を設けたり（同法14条），処分を取り消す判決に第三者効（対世効）を認めたり（同法32条1項），関係行政庁を拘束する効果がある（同法33条1項）など，法関係を一度に整理することを意図した規定が多く存在する。戦前とは異なり，行政事件についても民事訴訟と同じ裁判所が審理することになった今でも特則が残っていることの意義は，行政事件については多数の者の利益や公益が関わるからと説明できるだろう。

コラム 3-2　行政事件訴訟法の読み方・学び方と平成 16（2004）年改正

　行訴法は昭和32（1962）年に制定された後40年以上も改正されず，行政事件制度が国民の権利利益の保護のための制度として十分活用できていない状況への批判も相まって，平成16年に大改正された。その内容は次の通り：①原告適格拡大（行訴9条2項），②訴訟類型の充実化（法定抗告訴訟の類型増加〔同法3条6項7項・37条の2～37条の4〕，実質的当事者訴訟〔同法4条後段〕に確認の訴えの例示を挿入），③釈明処分の特則（同法23条の2），④訴訟提起ミスを減らすための訴訟要件変更等（被告適格を行政庁から行政主体へ変更〔同法11条〕，管轄裁判所の拡大〔同法12条〕，出訴期間延長〔同法14条〕，教示制度の新設〔同法46条〕），⑤仮の救済制度の充実（執行停止〔同法25条〕の要件緩和と解釈規定追加，仮の義務付け・仮の差止めを新設〔同法37条の5〕）。

（2）　行政訴訟の類型

訴 訟 類 型　　行訴法は，抗告訴訟（行訴3条），公法上の当事者訴訟（同法4条），民衆訴訟（同法5

条)，機関訴訟（同法 6 条）という大きく分けて 4 つの類型の訴訟を
定めている。抗告訴訟と当事者訴訟は，原告が自己の法律上の利益
を守るために提起する主観訴訟に分類され，民衆訴訟と機関訴訟は，
自己の法律上の利益に関わりなく，客観的な法秩序の是正を求める
ために提起する客観訴訟に分類される。

　それぞれの分類のなかにさらに細かな分類がある。抗告訴訟は，
「行政庁の公権力の行使に関する不服の訴訟」（同法 3 条 1 項）と定
義されているが，そこには取消訴訟（処分に対するもの〔同条 2 項〕
と裁決に対するもの〔同条 3 項〕），無効等確認訴訟（同条 4 項），不作
為の違法確認訴訟（同条 5 項），義務付け訴訟（非申請型〔同条 6 項 1
号〕・申請型〔同項 2 号〕），差止訴訟（同条 7 項）が規定されている。
公法上の当事者訴訟（同法 4 条）も，形式的当事者訴訟（同条前段）
と実質的当事者訴訟（同条後段）に区別されている。

> **訴訟類型の選択とは**

　　　　　　　　　　　行訴法はそれぞれの訴訟類型に応じて，訴
えを適法に裁判所に係属させるために必要
な要件（**訴訟要件**）と，訴えが認容されるために必要な要件（**本案勝
訴要件**）を定めている。そのため，原告が何を望むのか，どんな行
政活動を対象として不服を申し立てようとしているのかによって，
どの訴訟を提起すべきか，どのような内容を主張すべきかが変わっ
てくる。主観訴訟を提起する場合を想定して，その着眼点を概観し
よう（詳しい要件の内容についてはそれぞれの項目に譲る）。

> **処分性の有無**

　　　　　　　　　　抗告訴訟と当事者訴訟を区別するために重
要な概念が，「行政庁の処分その他公権力
の行使に当たる行為」（行訴 3 条 2 項）に該当するかどうかであり，
これを**処分性**という。他の抗告訴訟もその対象を「処分又は裁決」
としていることからもわかるとおり，訴えの対象となる行政活動に

処分性があるかどうかが問われる。処分性のない行政活動について
は，公法上の当事者訴訟（あるいは民事訴訟）を検討することになる。
特に実質的当事者訴訟（同法 4 条後段）については，平成 16 年改正
により確認訴訟の活用が意図されているものの，その場合は何を
「確認」すれば原告の権利・利益の保護につながるのか，確認の内
容とそれに関する**訴えの利益**の存否が問われることになる。

事後的に取消しか， これからアクセル・ ブレーキか

抗告訴訟内の訴訟類型は，処分・裁決に対
してどんな結論を求めているのか，どのよ
うな段階でどんな望みをかなえようとして
訴訟を提起するのかによって区別されている。既に出された処分に
対して，事後的にその効果を消滅させたいのであれば，**取消訴訟**を
提起する。取消訴訟には期間制限があり，それを過ぎてしまった場
合は要件が加重されるが**無効等確認訴訟**を選択することになる。

　望む処分がまだ出ていないのであれば，**義務付け訴訟**を提起する。
これは行政庁に対し処分を出すようアクセルをかける訴訟であり，
申請権の有無により 2 つに分かれている。処分の根拠法令に照らし
て，原告に申請権がある処分に対しては，申請をしたにもかかわら
ずまだ処分が行われていないことに対する訴え（**不作為の違法確認訴
訟**）か，申請拒否処分が出されてしまったのでそれに対する訴え
（取消訴訟あるいは無効等確認訴訟）を，義務付け訴訟と合わせて提起
することが必要になる（このタイプを**申請型義務付け訴訟**という）。も
し，望む処分の根拠法令に照らして原告に申請権がない処分の場合
は，併合提起がない代わりに，要件が加重されている（このタイプ
を**非申請型義務付け訴訟**という）。

　他方，望まない処分が行われそうなときに，ブレーキをかけたい
ときには，**差止訴訟**を提起する。自己に対して不利益な処分が行わ

れそうなときが主に想定されるが，条文上それだけに限られるものではなく，他者に対しての利益処分が出されようとしているときも差止訴訟が考えられる（もし訴訟中に処分が出されてしまったときには，取消訴訟等に訴えの変更をすることになる）。

誰を名宛人とする処分なのか

「自己の法律上の利益」の救済を図るという主観訴訟の枠組みからいえば，当該処分が誰を名宛人にするものなのかは重要である。訴訟要件の中でも，原告となる資格があるかどうかの判断を，**原告適格**という。行訴法はこれについても特則を有している（行訴9条）ため，特に処分の名宛人以外の者（第三者型）が原告の訴訟においては重要になる。

典型的な紛争類型との対応関係

本書で取り上げてきた典型的な紛争類型との対応関係を今一度確認しておこう。なお，それぞれに対応する仮の救済として，取消訴訟には執行停止（行訴25条），義務付け訴訟と差止訴訟にはそれぞれ仮の義務付けの申立てと仮の差止めの申立て（同法36条の5）がある。

2　取消訴訟の訴訟要件

取消訴訟の訴訟要件

取消訴訟の訴訟要件は，①処分性，②原告適格，③（狭義の）訴えの利益，④被告適格，⑤管轄裁判所，⑥出訴期間，⑦不服申立前置（個別法に定めがある場合）である。これらの多くは他の抗告訴訟にも準用されている（何が除外されているかは，それぞれの項目で扱う）。以下，特に問題になりやすい①～③につき検討したうえで，④以下を説明しよう。

（1）処　分　性

処分性の判定基準

上述のとおり，「行政庁の処分その他公権力の行使に当たる行為」（行訴3条2項）に該当することを指して処分性という。判例は「行政庁の処分」について，「行政庁の処分とは，……行政庁の法令に基づく行為のすべてを意味するものではなく，公権力の主体たる国または公共団体が行う行為のうち，その行為によつて，直接国民の権利義務を形成しまたはその範囲を確定することが法律上認められているものをいう」と解している（最判昭和39・10・29民集18巻8号1809頁）。つまり，①公権力性，②権利義務に対する影響を直接及ぼす法的効果を有すること，③この根拠が法律（これは条例も含むと解されている）に記載されていることを要求する。

処分性判定の意義

争われている行為が処分に当たるか否かを判断することは，抗告訴訟という訴訟類型を選択することができるという意義に加えて，「一連の行政活動のうち，どのタイミングをとらえて裁判所の審理・判断を求めることが紛争の解決につながるか」という紛争の成熟性（民事訴訟でいう「即時確定の利益」）の観点も問われている。この点は，前掲・最判昭和39・10・29のいう「直接」性と関連する。

典型的にあてはまるもの／あてはまらないもの

講学上の概念としての行政行為（行政庁が私人の個別・具体的な権利義務関係を一方的に形成する行為→第2編第1章参照）は，処分に該当すると解されている。

⇒36頁

また逆に，公権力の行使とはいえない純粋な私法作用（例えば，単なる調達目的の契約）や，純粋に行政内部での決定（例えば，職員に

対して，大臣がする職務命令としての出張命令）は処分でないことが明らかであることが多い。行政機関相互間の行為も，「直接」性を充たさないとして，処分性が否定される（→コラム 1-8 参照）。[→30頁]都道府県知事による建築許可に対し，消防法 7 条に基づいて消防長の同意が必要となっているところ，その同意がいったん出された後に取り消されたという事例（最判昭和 34・1・29 民集 13 巻 1 号 32 頁）でも，「同意取消し」それ自体の処分性は否定された（つまり，同意取消しの違法性を主張するには，建築不許可処分の取消訴訟を提起して，その中で違法事由として主張することとなる）。

コラム 3-3　通達の処分性と救済可能性

　通達は上級行政機関が下級行政機関に対して発する行政内部の命令であるから，国民に対する拘束力を持たず，「直接」性を充たさないので，処分性が否定される（最判昭和 43・12・24 民集 22 巻 13 号 3147 頁）。

　しかし，通達が示した法解釈や方針が，現実の行政実務において外部にも多大な影響を与えていることを考慮して，例外的に処分性を認めた下級審判例がある（東京地判昭和 46・11・8 行集 22 巻 11＝12 号 1785 頁〔函数尺事件〕）。通達に基づき販売自粛の行政指導を受けた販売業者が製造業者との契約を解除したという事情からすると，製造業者自身はこの通達の違法を争えるような処分を受ける可能性がなく後続処分で争いようがないため，例外的に通達自体に処分性を認めたものだと理解されている。

　この問題は，現在だと別の方法で解消可能かもしれない。行訴法の平成 16 年改正以降，確認訴訟の活用が進んだ現在の目からすると，当該通達の違法性を争うための確認訴訟（通達の違法確認や，通達の違法＝無効を前提として製造を続けられる地位の確認等）を提起すると

いうことも考えられるからである。

> 判例による処分性の
> 「拡張」？

問題となるのは，そのいずれにも属さない活動や，私法上の行為に見えるが特別な法的仕組みを持っているものなどについて，抗告訴訟（取消訴訟）を提起してよいか，である。平成 16 年改正前は，当事者訴訟による解決が注目されていなかったこともあって（取消訴訟ルートが閉ざされてしまうと救済が果たされないのではという危惧があった），この点が強く争われた結果，講学上の行政行為ではない類型においても処分性を認めた事例がある。以下では，典型的には処分性がないとされる行為類型につき，処分性が争われた判例を紹介する。

> 行 政 指 導

行政指導はそれ自体として法的効果を有するものではないため，「直接国民の権利義務を形成」するとはいえず，通常は処分性が認められない（→第 2 編第 3 章 2 (4)）。⇒102頁 行政指導の後に行われる行政行為（例として，勧告の後に行われる是正命令等）に対して訴えればよい，と考えられるからである。

　しかし，医療法に基づく病院開設中止の勧告については，それ自体は行政指導であるものの，「これに従わない場合には，相当程度の確実さをもって，病院を開設しても保健医療機関の指定を受けることができなくなるという結果をもたらすもの」であるとして，結果として病院開設自体を断念せざるを得ない状況に追い込まれることをとらえて，最高裁は処分性を肯定した（最判平成 17・7・15 民集 59 巻 6 号 1661 頁）。この事件での事情に即してその意味を考えてみ

ると，当時存在した厚生省保険局長が発した通知でそのような取扱いにするとされていたことや，この勧告を争わないと違法性を争う機会を事実上逸してしまうこと（指定拒否をされてから争うのでは多額の投資を無駄にする可能性がある）をとらえているのではと考えられる。

| 行 政 計 画 |

多種多様な行政計画（→第 2 編第 2 章 2）⇒82頁については，法的効果と，紛争の成熟性（タイミング）が問題となる。多くの行政計画は非拘束的計画（法的効果をそれ自体として発生させるものではない計画）であり，処分性がなく取消訴訟の対象とはならない。

　拘束的計画（計画それ自体により法的効果が発生するもの）については，その法的効果がどの範囲の者に及ぶのかによって判断が分かれている。法令と類似するような不特定多数の者に効力を有する計画は，処分性が否定されることがある（用途地域指定につき，最判昭和 57・4・22 民集 36 巻 4 号 705 頁）。他方，名宛人が一定範囲に留まる場合では，一連の過程のうちどの時点で争うべきかが問われる。

　この点で，土地区画整理事業計画については，判例変更が行われている。最高裁はかつて，「事業計画自体ではその遂行によつて利害関係者の権利にどのような変動を及ぼすかが，必ずしも具体的に確定されているわけではな」い（最大判昭和 41・2・23 民集 20 巻 2 号 271 頁）としていた。この時点では「青写真」（昔の設計図面の印刷技術に由来する言い方で，「将来計画」の意味）にすぎず，その後の仮換地の指定（新しい土地が割り当てられ，使えるようになる効果を有する処分）または換地処分（割り当てられた土地の所有権が発生する処分）を争えばよいと考えられたためである。しかし，土地区画整理事業計画が定められ公告されると，事業の障害となりうる活動（土地の形

質変更や建築物等の新築・改築等）は禁止される。これらの規制を受け、「換地処分を受けるべき地位に立たされる」という意味で「その法的地位に直接的に影響が生ずる」として、処分性が認められた（最大判平成 20・9・10 民集 62 巻 8 号 2029 頁）。

法律・条例の制定
行為

　法律や条例を制定する行為は、特定の者（名宛人）への個別具体的な効果を持つのではなく、一般的・抽象的に不特定多数の者に対して効果を及ぼすものであるので、通常は処分性が認められない。しかし、横浜市保育所廃止条例事件（最判平成 21・11・26 民集 63 巻 9 号 2124 頁）では、公立保育所を廃止する条例制定行為が、現に保育を受けている児童およびその保護者については、保育の実施期間満了までの間当該保育所で保育を受けることを期待する法的地位を奪う結果になるとして、処分性が認められた。この条例の特殊性として、保育所廃止以外の内容を含まないこと（公の施設の廃止には条例が必要〔自治 244 条の 2〕であるため制定された）、他に行政庁の処分を待つことなく、その施行により各保育所廃止の効果を発生させ、当該保育所に現に入所中の児童およびその保護者という限られた特定の者らに対して、直接、当該保育所において保育を受けることを期待しうる上記の法的地位を奪う結果を生じさせるものであること、第三者効（→本章 4 (2)）^{⇒183頁}が認められている取消訴訟で争うことが望ましいことが挙げられている。

(2)　原告適格

原告適格とは

　原告適格とは、原告として訴訟を提起することができる資格のことである。取消訴訟については、処分または裁決の取消しを求めるにつき、「法律上の

利益を有する者」に限り，提起することができる（行訴 9 条 1 項）。
つまり，取消訴訟は主観訴訟であり，訴えの利益が必要になるところ，どのような権利利益を主張するのであれば訴訟が認められるのか，という判断が原告適格の存否という問題である。

> 処分の名宛人か，
> 第三者か

争われている処分の効力が向けられている者を名宛人という。名宛人はまさに権利義務の変動があるので，原告適格は問題なく認められる。また，名宛人でなくても同視できるほど影響を受ける人（例えば，出版者が申請した教科書検定における執筆者は，不合格処分の名宛人ではないが，同じ立場）も同様である。

　しかし，処分の相手方以外の者（第三者）が，どこまで「法律上の利益」を有するか，ひいては取消訴訟制度を利用して処分の効力を争えるかは判断が必要となる。行政法規は行政庁に対して様々な規制権限を授権しているところ，その法律の文言そのものから，守られている対象が直接導かれるわけではないから，個別の根拠法令の法解釈が必要となる。平成 16 年改正では，それまで積み重ねられた判例の枠組みを条文化し，9 条 2 項が追加された。

> 原告適格判断の基準

実際に条文を参照して，行訴法 9 条 2 項の「入れ子構造」を丁寧に確認してほしい。

　第 1 文では，前項（行訴 9 条 1 項）の「法律上の利益」の判断にあたり，①「当該処分又は裁決の根拠となる法令の規定の文言のみによること」をしてはならないことを確認したうえで，②「当該法令の趣旨及び目的」と③「当該処分において考慮されるべき利益の内容及び性質」を考慮することを求めている。

　第 2 文の前半は，②について，「当該法令と目的を共通にする関係法令があるときはその趣旨及び目的をも参酌する」ことを，後半

は③について，「当該処分又は裁決がその根拠となる法令に違反してされた場合に害されることとなる利益の内容及び性質並びにこれが害される態様及び程度をも勘案する」ことを求めている。

改正前の学説・判例の反映

これらはかつての学説対立を知っていると，より理解が深まるので紹介したい。改正前，つまり手がかりが「法律上の利益」（行訴9条1項）しかなかった段階においては，この解釈をめぐって，処分の根拠法令等の実定法が保護している利益のみによるべき（「法律上保護された利益説」）なのか，（根拠法令とは離れて）原告が主張する利益が裁判上保護に値するか否かを裁判所が判断すべき（「法律上保護に値する利益説」）なのかという学説対立があった。後者は前者の「根拠法令」の解釈では狭すぎることを契機に主張されたのだが，これらの議論を踏まえて，判例では「法律上保護された利益説」に立ちつつも，その考慮のあり方が具体化されてきた。それを確認的にまとめたのが，現在の9条2項と解されている。

個々人の個別的利益

さらに，改正前の判例から受け継がれている判例の判断枠組みを確認すると，見落とせない要素が，「当該処分を定めた行政法規が，不特定多数者の利益を専ら一般的公益の中に吸収解消するにとどめず，それが個々人の個別的利益としても保護すべき趣旨を含むと解される」かどうか，という観点が組み込まれている（これを指して，「個別保護要件」と整理することがある）。つまり，処分により自己の権利利益が侵害あるいは侵害されるおそれがあること（侵害要件），処分の根拠法令にその侵害・侵害のおそれが保護すべきものとされる範囲に入っていること（保護規範要件）だけでは足りず，一般公衆と区別された利益がなければならないという。この判断をするにあたって，行訴法9

条 2 項の考慮要素を判断する，という流れになる。この個別保護要件をどれだけ厳しく考えるかによって，取消訴訟ルートを用いた救済が図れるか否かが変わってくる。

周辺住民の原告適格　施設設置許可などの事業に関する許可については，事業により発生する危険や公害により不利益を受ける可能性がある周辺住民の原告適格が問題となる。

　改正前の最高裁判例のうち，行訴法 9 条 2 項につながる判断をした例として，原子炉設置許可処分について原子炉等規制法が原子炉災害の発生時に「施設の近くに居住する者はその生命，身体等に直接かつ重大な被害を受けるものと想定される」としたうえで，「事故等がもたらす災害により直接的かつ重大な被害を受けることが想定される範囲の住民の生命，身体の安全等を個々人の個別的利益としても保護すべきものとする趣旨を含む」と結論づけた（最判平成 4・9・22 民集 46 巻 6 号 571 頁〔もんじゅ訴訟〕）。

　改正後では，「生命，身体の重大な被害」まではいかなくとも，取消訴訟の原告適格が認められるかが争われた事件が多く最高裁判例として知られている。立体高架化鉄道工事に付随する街路整備のための都市計画事業認可処分が争われた事件（最大判平成 17・12・7 民集 59 巻 10 号 2645 頁〔小田急訴訟〕）では，騒音や振動により，周辺住民に健康または生活環境の被害が発生することにつき，最高裁は根拠法令である都市計画法に加え，目的を共通にする関連法令として公害対策基本法や東京都環境影響評価条例をあげたうえで，それらの趣旨も勘案して，「健康又は生活環境に係る著しい被害を受けないという具体的利益」が，個別的利益として保護されると判断し，一定範囲の住民に原告適格を認めた。

　しかし，自転車競技法（平成 19 年法律第 82 号改正前のもの）に基づ

く場外車券販売場の設置許可処分が争われた事件（最判平成21・
10・15民集63巻8号1711頁〔サテライト大阪事件〕）では，医療施設等
の開設者については同法の位置基準により個別的利益が保護される
として原告適格が肯定されたのに対し，周辺住民については，同法
の位置基準によっても周辺環境調和基準によっても個別的利益とし
て保護されていないとして原告適格が否定された。

　周辺住民が納骨堂経営許可（墓地10条）の取消しを求めた事件で
は，最高裁は大阪市の法律施行細則8条を参照し原告適格を認めた
（最判令和5・5・9裁判所ウェブサイト）。

> **競業者・既存業者の原告適格**

取消訴訟を提起する第三者として想定され
るもう1つのパターンは，許可を受けた者
と同業を営む業者（競業者・既存業者）であ
る。通常の許可制の場合，A社が許可を受けたことが，B社が許可
を受けられない理由にはならないことが多く，B社に不利益が発生
したとはいえないため，この問題は生じない。しかし，法的仕組み
によっては，限られた者しか許可を受けることができない場合があ
り，両社は競合関係に立っているため，A社を名宛人とする許可処
分に対し，B社が取消訴訟を提起できるかが問題となる。

　廃棄物処理法に基づく一般廃棄物処理業の許可制は市町村が策定
する一般廃棄物処理計画との適合性が許可要件に含まれている。他
者への許可処分に対し，既に許可を受けた業者が取消訴訟を提起し
た事案につき，最高裁は当該仕組みには需給調整の規制が含まれて
おり，個々の既存の許可業者の営業上の利益も個別的利益として保
護されているとして，既存業者の原告適格を認容した（最判平成
26・1・28民集68巻1号49頁）。

　原告適格が認められるものとしては，他に，1つの許認可を複数

の者が争う競願関係がある（例としては放送局免許拒否処分が広く知られている〔最判昭和 43・12・24 民集 22 巻 13 号 3254 頁（東京 12 チャンネル事件）〕参照）。

> ### コラム 3-4　団体訴訟の可能性と違法是正
>
> 　原告適格論に「一般的公益とは区別された個別的利益」を要求することで，排除されてしまうタイプの訴訟として，消費者利益・環境利益（例えば「種の保存」）や学術的な観点（遺跡保護等）からの訴訟がある。
>
> 　このような「個別的利益」がないとされるタイプ（場合によっては主観訴訟ではなく，客観訴訟）に対して，どのような対処を行うべきだろうか。民事訴訟の世界では，個々人に些少な損害は観念できるものの，一人ひとりの消費者が提訴するにはハードルが高いような事案については，認定を受けた消費者団体に提訴を認め，集団的な解決を図る団体訴訟が一部，日本法においても認められている（消費者契約法）。また，環境保護団体のうち，一定の要件を充たすものについて，行政処分に対する訴権を認める仕組みを取り入れている国もある。これらの団体訴訟の仕組みがあると，団体が訴訟を前提とした活動を行えるという点で，事前の交渉や手続参加とも組み合わせて，効果的な救済や違法是正を目指すうえで大きな力となる。
>
> 　行政訴訟の目的が，権利・利益救済のみではなく，行政の違法な活動の是正にもあると考えるのであれば，個別保護要件を求める現行法の枠組みは，違法是正において一定の縛りがかかっている状況ともいえる（この点につき行訴法 10 条 1 項の主張制限も同じ問題を抱えている）。古い判例を乗り越える論理を組み立てて判例変更を狙うのか，行訴法自体の改正か，個別法における導入かなど，対象となる利益や問題状況に応じ様々な手法が今後検討されるべきである。

（3）（狭義の）訴えの利益

> 狭義の訴えの利益
> とは

事後的な事実状態・法状態の変動によって，判決までの間に「法律上の利益」がなくなってしまうことがありうる。その意味において，「その者が訴訟を追行する地位があるか」という原告適格の判断（広義の訴えの利益には含まれる）とは別に，「現在もなお訴えの利益を持ち続けているか」という判断（狭義の訴えの利益）が必要になる。行訴法9条1項かっこ書は，「処分又は裁決の効果が期間の経過その他の理由によりなくなつた後においてもなお処分又は裁決の取消しによつて回復すべき法律上の利益を有する者を含む」として，このことを示している。つまり，処分自体の効果がなくなったとしても，それ以外の理由で救済すべき必要があると言えれば訴訟は続行できるが，もはや救済の必要がなくなったとなると，訴えの利益がないゆえに却下判決を受けるということである。

> 典型的に問題となる
> 事例

行政処分の効果が事後的になくなる典型例は，職権による取消しや撤回，期限や任期の到来による効果消滅である。その場合は，効果がなくなった後もなお救済の必要があるかが問われる。例えば，地方議会議員が除名処分の取消訴訟を提起していたら，その間に任期が満了したという事例において，結局は議員の地位が回復しない以上意味がないように思えるが，本来であれば受給できたはずの俸給請求権が残るため，なお訴えの利益が残る。

　建築基準法6条の建築確認の対象となった建物が既に完成している場合において，建築確認（処分）の取消訴訟を提起することができるかが争いになった事件では，最高裁は，建築確認はそれを受け

なければ建築物の建築等の工事をすることができないという法的効果を付与されているにすぎないものであるから，工事が完了してしまった後には建築確認の取消しの訴えの利益は失われると判断した（最判昭和 59・10・26 民集 38 巻 10 号 1169 頁）。建築確認の存在は検査済証の交付拒否や違反是正命令を発するうえでの障害にはならない（つまり，建築確認を取り消さなくても，これらにより違法状態を是正することが特定行政庁の裁量によりできる法的仕組み）と解されたためである。

　他方，情報公開請求をして非開示処分を受けたために争っている途中で，被告行政側が公文書それ自体を書証として提出したために原告も一応見ることはできたという事案においては，最高裁は訴えの利益が残っていると判断した。本来は条例に基づく手続を踏んで開示を受け閲覧する地位を得ることが争いの本質であって，たとえ見ることができたとしても，不開示決定はそのままとなり，不利益は残ったままだからである（最判平成 14・2・28 民集 56 巻 2 号 467 頁）。

| 裁量基準による
不利益 |

営業停止命令等の場合は，営業停止期間が過ぎ去ってしまえば，（別途国家賠償の問題は生じるとはいえ）処分の効力を取り消させる必要がないようにも思える。しかし，「過去に行政処分を受けたこと」が後にも影響するのであれば，それを取り消そうとする訴えの利益が残ることになる。この点について，最高裁は，風俗法の営業停止処分の発令において「過去 3 年以内に」同様の処分を受けたかどうかが，営業停止期間の算定に影響するように処分基準（行手12 条）が定められていた（つまり，再度の処分は加重するという内容）場合につき，当初の営業停止処分自体の期間経過ではなく，加重算定に用いられる期間の経過までは回復すべき法律上の利益を有する

と判断した（最判平成 27・3・3 民集 69 巻 2 号 143 頁）。

（4） その他の訴訟要件と教示

被告適格

誰を被告として提訴すべきかという点（被告適格）について，行訴法 11 条 1 項は，当該処分または裁決をした「行政庁の所属する国または公共団体」と規定する。平成 16 年改正前は，この箇所は「行政庁」であったのが，変更された。なぜなら，後述する当事者訴訟は（民事訴訟の原則通り，法人格を有する）国または公共団体（例えば「東京都」や「千葉市」）を被告とすればよいのに対し，抗告訴訟は行政庁（例えば「国土交通大臣」や「国土交通省近畿運輸局長」，「東京都知事」など）を記載しなければならず，抗告訴訟と当事者訴訟や国家賠償訴訟を同時に提訴する場合に混乱を招くので統一された。ただ，訴訟手続上，行政庁が特定される方が望ましいため，原告はそれを記載するものとされ（行訴 11 条 4 項），被告も明らかにしなければならない（同条 5 項）。

管　轄

取消訴訟は全国どこの裁判所でも提起できるわけではなく，被告側の所在地に応じた管轄が決められている（行訴 12 条 1 項）。国等が被告となる場合については，原告の普通裁判籍の所在地を管轄する高裁と同じ管轄の地裁にも提訴することができる（同条 3 項）。とはいえ，高裁は全国に 8 か所しかなく，この拡張が十分かは疑問もある（例えば，沖縄県や鹿児島県に住む原告が国に対し提訴する場合，東京地裁〔同法 12 条 1 項〕か福岡地裁〔同条 3 項〕となる）。

不服申立前置

処分に不服を申し立てる手続としては別途行政不服審査があるが，原則として，原告

は行政不服審査を経由しなくても，裁判所に取消訴訟を提起することができる。例外として，個別法の定めにより，審査請求をしたうえでその裁決を経なければならないと規定されている場合があり，これを不服申立前置という（行訴 8 条 1 項）。ただし，審査請求後 3 か月を経過しても裁決がないときや，「著しい損害を避けるため緊急の必要性があるとき」，「その他裁決を経ないことにつき正当な理由があるとき」には，裁決を待たずに提起された取消訴訟も適法となる（同条 2 項）。

　なお，不服申立前置を強いる規定が多すぎるとの批判があり，平成 26（2014）年の行政不服審査法改正の際に見直しがなされた（→コラム 3-7）。
^{⇒217頁}

| 出 訴 期 間 |

取消訴訟の特徴として重要な訴訟要件が，出訴期間である。取消訴訟は，「処分又は裁決があつたことを知つた日」から 6 か月，あるいは「処分又は裁決の日」から 1 年（不変期間）を経過すると，正当な理由がある場合を除いて，提訴できなくなる（行訴 14 条 1 項 2 項）。これらの期間を超えて行政処分の効力を争いたいのであれば，無効等確認訴訟による必要がある（そのため，本案勝訴要件が加重されてしまう）。

| 行政庁の教示義務 |

民事訴訟の特則となっている事柄が多く，戸惑う読者も多いだろう。そこで平成 16 年改正時に取消訴訟等の提起に関する事項の教示（行訴 46 条）の規定が設けられ，行政庁は処分・裁決をする際に，被告適格・出訴期間・不服申立前置の有無につき，教示をすることになった。

3　取消訴訟の審理

(1)　審理の対象

> 訴 訟 物

取消訴訟の本案審理の対象（**訴訟物**）は，**争われた処分または裁決の違法性一般**だと解されている。つまり，処分等が違法であるか否かが審理される。これには処分の根拠法令の処分発令要件に違反している場合（実体上の違法）もあれば，根拠法令内や行政手続法などの手続規定に違反している場合（手続上の違法）も含まれる。

> 行政裁量に対する
> 司法審査

裁量処分については裁量権の逸脱・濫用があった場合に限り取消判決が下される（行訴30条）。行訴法30条は，かつては「自由裁量」があると一切の司法審査が及ばないと解されていたのだが，現在においては裁量がある場合であっても裁量権の逸脱・濫用があれば違法となり，結果として取消判決となる旨を述べた確認的規定であると理解されている。つまり，行政裁量があると，その強さに応じて一定程度司法審査がゆるやかになるという関係にある。

　もっとも，ある処分につき，行政庁にどの程度強い裁量が認められているのか，そしてそれに対して裁判所がどのように，どの程度まで踏み込んで（事後的）審査を行うのか，そして，どのような手法で「裁量権の逸脱・濫用」を認定するのかは，この条文だけでは明らかではない。

　以下では，裁量の存否と審査密度・審査手法の関係を，敷衍して整理しておこう（詳細な説明は，第2編第1章4）。⇒56頁

　まず，裁量が認められない場合の審査は，行政庁の判断を追試するのではなく，裁判所が独自に判断を行い，その結果を行政庁の判

断と比較するという**判断代置型審査**が行われる。事実認定だけでなく，法的な当てはめにおいても，裁判所が独自に行うことになる。

　これに対し，裁量がある場合においては，異なる審査枠組みがとられる。

　実体面に着目した審査である**社会観念審査**の手法では，社会観念上，当該処分が許容される範囲内であるかに着目して審査が行われる。この場合，事実誤認，目的違反・動機違反，平等原則違反，比例原則違反などが審査のポイントとなる。

　事実誤認については，行政に広範な裁量が認められる場合には，「全く事実の基礎を欠く」か否かという判断枠組みを取る最高裁判決がある（高度な政治的判断を要するとされた，外国人に対する在留期間更新について，最大判昭和 53・10・4 民集 32 巻 7 号 1223 頁〔マクリーン事件〕）一方で，「重要な事実に誤認があること等」という，より密度の高い審査を行う場合もある（最判平成 18・11・2 民集 60 巻 9 号 3249 頁〔小田急連続立体交差事業認可事件〕）。

　結果そのものではなく，判断過程に着目した審査を，**判断過程審査**という。裁量がある判断は様々な事情や要件，要素の総合考慮で行われることがよくあるが，判断過程審査では，考慮すべき事項を考慮しているか（考慮不尽がないか），考慮すべきではない事情を考慮してはいないか（他事考慮），考慮すべき事項の重みづけに間違いはないか（重視すべきものを軽視したり，本来あまり問題とならない要素を過大にとりあげたりしていないか）を審査する。

　なお，裁量基準（審査基準，処分基準）がありそれに則って処分が行われた場合には，裁判所は裁量基準それ自体の合理性と，裁量基準への当てはめの合理性とを審査する手法もある。また，当該処分を行うにあたり守らなければならない手続規定（行政手続法・条例，

個別法の規定等）への違反が問題となることもある。

(2) 主 張 制 限

原告側の主張制限

行訴法 10 条 1 項は，「自己の法律上の利益に関係のない違法」事由を主張して取消しを求めることはできないとしている。この規定は訴訟要件の 1 つである原告適格の「法律上の利益を有する者」(行訴 9 条) と類似するが，同法 10 条 1 項は本案審理における主張制限である。例えば，国税徴収法上の公売処分手続において，通知を受けた者は，「他の権利者等には通知がなされなかった」との違法事由を主張できないという場面が想定されている。取消訴訟が原告の権利利益の救済の制度に由来することから，自己以外の第三者を専ら保護することを目的とした規定の違反についての主張を制限したものといわれている。

第三者の原告適格と
主張制限

実際上問題となるのは，処分の名宛人以外の第三者に原告適格が認められた場合に，どの範囲の違法を主張できるかである。原告適格を基礎付ける規範の違反しか主張できないとすれば，違法事由の主張が著しく制限されるおそれがある。新潟空港訴訟（最判平成元・2・17 民集 43 巻 2 号 56 頁）で，最高裁は原告の主張できる違法事由を厳格に制限し，原告適格を基礎付ける規定（本件では騒音被害と「経営上及び航空保安上適切なもの」〔航空法 101 条 1 項 3 号〕の観点）の違反に限られると解した。そのため，空港周辺住民は航空法 101 条 1 項 1 号の「当該事業の開始が公衆の利用に適応するものであること」の違反を主張できないとされた。

　しかし，どの要件が違法であっても本来処分が取り消されるべきであるという考え方を取ると，この枠組みは厳格に過ぎるし，違法

173

事由のうち一部については抗告訴訟で主張できないということになり，違法是正の観点からは問題がある（→**コラム 3-4** 参照）。⇒166頁 この点で，産業廃棄物処理施設設置許可につき，「経理的基礎」（運営業者の財政状況）要件が争われた際に，「周辺住民が重大な被害を被るおそれのある災害等が想定される程度に至る経理的基礎を欠くような場合には，もはや公益を図る趣旨にとどまらず，前記周辺住民の安全を図る趣旨から，前記周辺住民個人の法律上の利益に関係のある事由について定めているというべき」と判断した下級審判決がある（千葉地判平成 19・8・21 判時 2004 号 62 頁）。

処分取消訴訟と裁決取消訴訟の関係

行訴法 10 条 2 項は，もともとの処分（原処分）についての取消訴訟と，原処分について行政不服審査を経て裁決を得た場合，その裁決に不服があって提起する裁決取消訴訟との間の交通整理のための規定である。つまり，裁決取消訴訟では，原処分の違法性ではなく，裁決固有の違法性を主張せよ，ということである。

（3）　理由の差替え

理由の差替えとは

理由の差替え・追加とは，処分理由を提示すべき場合に，一旦提示した理由 A 以外の理由 B を，行政側が後から付け加えたり（追加），差替えたりすることができるかどうか，という問題である。理由 A が成り立たないとしても，理由 B として処分したことにすれば適法である，という場合に，訴訟手続内で差替えを認めると，処分は適法であるとして，取消請求は棄却される。もし差替えを認めないのであれば，いったん理由 A でした処分を取り消したうえで，新たに理由 B で新しい処分をするだけであって，それは煩雑ではないか，というの

である。つまり，最初の訴訟手続内での**一回的解決**を優先すべきという立場がありうる。

取消訴訟の訴訟物が取消対象となっている「処分の違法性一般」と理解されていることからすると，処分の同一性が維持される範囲内であれば，理由の差替えは行えると考えられる（処分の同一性が維持されず理由の差替えが否定された最判昭和42・4・21訟月13巻8号985頁，課税処分の総額主義の観点から「格別の不利益はない」として理由の差替えを認めた最判昭和56・7・14民集35巻5号901頁）。

しかし，**手続規制の意義**という観点から見ると，もともと理由の提示は，行政の判断を慎重にし，その理由を支えるだけの調査・判断を適切に行わせるという趣旨と，不服申立ての便宜という側面がある。あとから自由に理由の差替えや追加ができるとすると，当初の処分における理由提示がずさんなものになりかねないし，原告側からは不意打ちとなる。この観点からは，安易に理由の差替えによる適法性確保を認めてよいかが問題となる。

> **不利益処分**

不利益処分については，処分までの間にあらかじめ処分内容を告知したうえでの聴聞または弁明の機会の付与が行われる（行手12条以下）。理由の差替えを認めてしまうと，行政手続法が不利益処分発動までに慎重な手続を要することとした趣旨を著しく害する。

> **申請に対する処分**

他方，申請に対する拒否処分が争われている場合は，拒否事由が複数ありうるとしても，そのうちの1つについて該当していれば拒否という結論は変わらないため，当初の処分では他の理由について判断を示していないことがある。そのため，理由Aがあるとして拒否された処分の取消訴訟において，被告行政側が他の理由への差替えや，追加を主張

することがある。情報公開請求に対する不開示決定が争われ，第一
審の途中で別の理由が追加主張された事件について，最高裁は，理
由通知の趣旨には追加主張を許さないものとする趣旨まで含むと解
すべき根拠はないとして，理由の追加主張を認めた（最判平成 11・
11・19 民集 53 巻 8 号 1862 頁）。もっとも，取消訴訟における一回的
解決の必要性は，申請型義務付け訴訟の法定により現在では異なる
理解が可能となった（→本章 5 (2)(a) 参照）ため，現時点もこの判例
の射程が及ぶかは議論の余地がある。

⇒191 頁

コラム 3-5　違法性の承継

　連続して行政処分がなされる場合に，後行処分の取消訴訟において，
先行処分の違法を主張することが許されるか，という問題がある。こ
の問題は，講学上「違法性の承継」の可否として論じられてきた。一
般的には，原則として先行処分の違法性は後行処分に承継されず，例
外的な場合に限って承継が認められると考えられてきた。典型的には，
滞納処分の取消訴訟において先行する課税処分の違法を主張すること
は許されないが，土地収用法上の収用裁決の取消訴訟において先行す
る事業認定処分の違法を主張することは許されるといった説明がされ
てきた。

　「違法性の承継」をめぐっては，大きく分けて①承継の原則的遮断
の根拠と，②承継が認められる場合の基準について学説上議論がなさ
れてきたといえる。①については，「違法性の承継」が問題となる場
面においては先行処分の取消訴訟を提起できなくなっていることが前
提とされることから，出訴期間（行訴 14 条参照）の徒過を理由とする
いわゆる不可争力や，先行処分の取消訴訟に排他的管轄が認められる
こと，その他取消訴訟制度の趣旨（行政過程の段階的安定の要請）を
根拠とするものなどが存在している。②については，伝統的学説は，
「相連続する二以上の行為が結合して一の法律的効果の発生を目指し

ている場合」か否か，といった実体的基準に着目してきたが，近時は，実体的基準に加えて，先行処分につきどの程度出訴の途が開かれていたか（出訴が容易である場合，先行処分はそこで争うのが本来の筋），といった手続的基準を提示するものが学説上も主となっている。

　判例に目を向けると，長らく「違法性の承継」を明確に認める最高裁判決は存在していなかったが，建築基準法の委任を受けた東京都建築安全条例に基づく安全認定（先行処分）の違法性を，同法6条1項に基づく建築確認（後行処分）の取消訴訟において主張することが認められるか否かが争われた事案において，最判平成21・12・17民集63巻10号2631頁は，②との関係で，実体的基準のみならず，安全認定（先行処分）を争おうとする者に，「手続的保障」が十分に与えられていたか否かに触れた。この判決は，近時の学説の動向に沿った判断を示したものと言えるだろう。

（4）　違法判断の基準時

基準時とは

　　　　　　　　　　　　行政処分が発せられた後にその違法性を争うことになる取消訴訟において，行政庁が処分をした時点（**処分時**）と，裁判所が判決をする時点（**判決時**〔より正確には，事実審の口頭弁論終結時を指す〕）との間に法令の改正や事実の変動があった場合，どちらの時点を基準として違法判断を行うべきか（時点のイメージ→本編第*1*章2の図表7）。これは，違法 ⇒151頁（性）判断の基準時と呼ばれる論点である。行訴法にはこれについての定めがない。そのままでは，原則に戻り民事訴訟と同様に判決時になりそうなものであるが，最高裁は取消訴訟において争われるのは行政処分が違法に行われたかどうかであるとして，処分時説をとる（法改正があった事例につき，最判昭和27・1・25民集6巻1号22頁

参照）。

　なお，出訴期間の定め以外は取消訴訟と構造が同様である無効等確認訴訟についても，処分時説がとられている。他方，まだ処分が行われていない義務付け訴訟や差止訴訟については，処分が存在しない以上「処分時」を観念しようがなく，事柄の性質上，原則通り判決時となる。

| 事実状態・法状態の変動への対処 |

従来は訴訟類型ごとに処分時／判決時のどちらかになるという説明がされてきた。しかし，そこまで単純な論点ではない。

　まず，事実状態や法状態が変動したときに，当初の処分自体の取消訴訟で争うべきか，別の行政手続（例えば，変化後の事情をもとに再申請したうえで判断を求めたり，後発的事情を理由とする撤回を求めたりするなど）での解決を模索すべきかなど議論の余地がある。また，当初は違法であった処分についても，その後の事実状態の変動により瑕疵の治癒が論じられることもある。逆に，狭義の訴えの利益が途中で消失することもある。さらに，処分の根拠法令（実体法）の解釈により，取消訴訟であっても判決時によるべき場合があるのではないかという議論もある。

　これらは必ずしも違法判断の基準時との関係で論じられたものではないが，「同一手続内で処分後に発生した法状態・事実状態の変動を考慮すべきか」という観点で，共通の問題状況について取り扱ったものといえる。そこで，処分時説・判決時説という二分論で論じる思考枠組みをやめるべきという議論も有力である。

| 科学的知見の変化 |

事実自体が変化したのではなく，事実に関する評価基準としての科学的知見が処分時と判決時において変化した場合も，どのように取り扱われるかが問

題となる。(出訴期間の定めがある) 取消訴訟についてはそのような事態は生じにくいが，出訴期間のない無効確認訴訟においては前例がある。原子炉設置許可処分について，最高裁は現在の科学技術水準に準拠するべきこと，つまり判決時の知見を前提に審理する旨を判示した (最判平成4・10・29民集46巻7号1174頁〔伊方原発判決〕)。

(5)　審理手続における特則

| 第三者の訴訟参加 |

裁判所は，訴訟の結果により権利を害される第三者があるときは，当事者もしくはその第三者の申立てによりまたは職権で，決定をもって，その第三者を訴訟に参加させることができる (行訴22条1項)。後述するように，取消請求の認容判決には第三者効 (同法32条) があるため，訴訟に関与していないとしても判決効を受けることになる。その不意打ち防止のために，手続保障として訴訟参加を認めている。

　ここでいう「第三者」とは，訴訟の当事者 (原告・被告) ではない者 (＝訴訟上の第三者) という意味である。例えば，Y県の建築主事 (行政庁) がした建築確認について，名宛人である建築主Aではなく，予定地の隣人B (処分との関係では「第三者」) が取消訴訟を提起した場合では，そのままでは当事者は被告Y県と原告Bであり，Aは訴訟上の「第三者」となる。

| 行政庁の訴訟参加 |

また，処分等をした行政庁以外の行政庁についても，裁判所が必要であると認めるときは，同様に訴訟に参加させることができる (行訴23条1項)。こちらも，拘束力 (同法33条1項) と合わせて理解しよう。

| 弁論主義の修正 |

民事訴訟の原則からすれば，本案要件の審理においては判決の基礎をなす事実の資料

179

（証拠資料）の提出（主張事実の主張と必要な証拠の申出）を当事者の権能とする弁論主義が適用され，事実と証拠の収集は当事者の権能と責任に委ねられる。しかし，違法な処分を取り消し，新たな法関係形成の契機となる公益性を有する取消訴訟においては，明文で，ないしは解釈上，弁論主義は修正を受けている。

職権証拠調べ 　行訴法は，職権証拠調べ（行訴 24 条）の規定を置き，裁判所による証拠収集の可能性を認めている。これは行政主体と私人間の立証能力の差異に鑑み，当事者間の実質的公平を図ったものとされている。しかし，当事者が主張しない事実まで真実解明のために裁判所が調査するという職権探知主義を認めた規定ではない。また，実際上もあまり活用されていないといわれている。

釈明処分の特則 　釈明処分（民訴 151 条 1 項）とは，当事者本人等に対して口頭弁論期日への出頭を命じ，当事者の事務処理者や補助者に陳述をさせ，当事者の所持する文書等の提出を命じ，留置し，検証をし，もしくは鑑定を命じ，または必要な調査を嘱託する等の方法を通じて，裁判所自身の行為によって事実関係を明らかにする手段である。行訴法の平成 16 年改正により導入された釈明処分の特則（行訴 23 条の 2）は，裁判所の釈明処分の対象を拡大した。具体的には，処分の要件事実を示す文書や関係記録を綴った一件記録に止まらず，裁量基準を明らかにする資料等処分の理由を明らかにする資料を含み（同条 1 項 1 号），処分庁以外の行政庁への文書送付嘱託を含む（同項 2 号）点で拡張されている。

(6) 立証責任 (証明責任)

立証責任とは

裁判所が法令の適用によって法律効果発生の有無を判断するためには，まずその前提となる事実の存否を確定しなければならない。ある事実について，原告と被告のどちらが立証しなければならないか (証明責任の分配) は，民事訴訟においては，当事者が自己に有利な法律効果の発生要件事実につき立証責任を負うとする法律要件分類説が通説である。つまり，ある事実について十分な立証をすることができなければ，法律上不利になる方に立証責任がある，と考えられている。

行政訴訟における
立証責任

行政訴訟の証明責任の分配については，民事訴訟とは異なる考えをとる余地があるものの，未だに通説と呼べる見解はない (法律要件分類説の他に，公定力説，法治主義説，憲法秩序帰納説，権利制限拡張説，個別検討説，調査義務説，実質説等がある)。これは，対等な私人間の規律を公平な裁判所が審理することが想定される民事訴訟と，法に縛られ説明責任を有する主体である行政主体が先行して判断を示し，その審理においても非対称性がつきまとい，原告の地位も多種多様なものが想定される行政訴訟で考慮すべき観点が大きく異なることに由来する。

立証責任の事実上の
転換

伊方原発判決で最高裁は，原子炉設置許可処分は専門技術的判断を要する処分であることを前提に，立証責任に配慮した議論を行った。行政庁がした判断に「不合理な点があることの主張，立証責任は本来，原告が負うべきものであると解される」としたものの，証拠の偏在等を理由に「被告行政庁の側において……行政庁の判断

に不合理な点のないことを相当の根拠，資料に基づき主張，立証する必要があり，被告行政庁が右主張，立証を尽くさない場合には，被告行政庁がした右判断に不合理な点があることが事実上推認される」と判示した（前掲・最判平成 4・10・29）。これは，本来は証明責任を負わず反証程度しか必要ないはずの被告行政庁に，積極的な主張・立証を求めることで，原告の主張・立証の負担を軽減したものと考えられる。

4　取消訴訟の判決

（1）　判決の種類

> 3 種類の終局判決

民事訴訟と同じく，取消訴訟にも，訴え却下判決，請求棄却判決，請求認容判決がある。これらは，訴えを適法に裁判所に係属させるために必要な要件（**訴訟要件**）と，訴えが認容されるために必要な要件（**本案勝訴要件**）について，裁判所がどのように判断したかにより分かれている。訴え却下判決とは，訴訟要件が認められず，訴えが不適法である場合に下される。取消訴訟に即していえば，処分性がなかったり，原告適格が認められない場合などが該当する。請求棄却判決は，訴訟要件はすべて満たしているが，本案勝訴要件が認められない場合の判決である。取消訴訟では訴訟物は「係争処分の違法性（一般）」であるから，処分が違法だと認められなければ，請求棄却となる。訴訟要件も本案勝訴要件も満たしている場合は請求認容判決となる。つまり，取消訴訟では，処分が違法であると認められれば，請求が認容され，「○○処分を取り消す」という判決主文となる。

| 事情判決 |

ところが行訴法は，請求棄却判決の一種として，特殊な判決類型を認めている。違法であっても，それを取り消すことにより公の利益に著しい障害を生ずる場合は，裁判所は，請求を棄却することができる（行訴31条1項前段）。これを事情判決という。この場合，判決主文では処分または裁決が違法であることを宣言しなければならない（同項後段）。法律による行政の原理からすると違和感があるかもしれないが，これは訴訟係属中に既成事実が積み重なり，今現在処分を取り消すと，大きな支障がある場合を想定した規定である。例えば，大規模工事の前提となっている処分（土地区画整理事業計画決定やダム建設のための収用裁決等）についての取消訴訟が，訴訟手続の長期化により，工事完成後にようやく結論が出るような場合に用いられる。

(2)　判決の効力

| 民事訴訟における
判決効 |

判決に不服がある当事者は上訴（控訴・上告）することができるが，期限内に上訴されなかったり最高裁の判断が下されたりすると，判決は確定する。確定判決の主文の内容については，当事者はそれを再び訴訟で争うことはできず，また，のちの訴訟手続の裁判所も，覆すことはできない。これを確定判決の**既判力**という（民訴114条1項）。

| 処分取消判決の形成
力と第三者効 |

取消判決により，処分の効力は遡及的に消滅するという効果が生じる（取消判決の**形成力**）。そして，行訴法はこれに訴訟当事者以外の第三者にも効力が及ぶ旨を定める（行訴32条。**第三者効**）。これは，権利救済の実効性確保と紛争の画一的解決を図るための規

定である。

　例えば，Y県の建築主事（行政庁）が建築主Aの計画について建築確認をし，それに対して不服を持つ隣人B（処分との関係では「第三者」）が取消訴訟を提起した場合は，処分本体の名宛人であるAは，訴訟当事者ではない（訴訟との関係では「第三者」）ため，そのままでは効力が及ばない。そうすると，Bが取消訴訟の認容判決を得たとしても，Aとの関係ではまだ建築確認が有効なままとなってしまい，争いが残ってしまう。そこで，行訴法32条により訴訟の第三者にも効力が拡張されることで，Aも，建築確認が取り消されたことを争えなくなるという効果が生じる（もっとも，それがAの知らないまま行われるとAの手続保障上問題となるので，上述の第三者の訴訟参加〔同法22条〕の規定により，Aも訴訟参加することが望ましい）。

拘　束　力

取消判決は，取消判決の趣旨に従って行動する義務を行政側に及ぼす効果がある。取消判決は「その事件について，処分又は裁決をした行政庁その他の関係行政庁を拘束する」（行訴33条1項）と規定されており，これを**拘束力**という。「その事件について」の趣旨は，判決主文（処分を取り消す旨）についてだけでなく，判決主文を導くのに必要な限りにおいて，判決理由中の判断も含まれる。また，拘束されるのは処分庁だけでなく，「その他の関係行政庁」も含まれている。

行政庁の再審査義務

申請却下または棄却する処分（申請拒否処分）が判決により取り消された場合は，判決の趣旨に従い，改めて申請に対する判断をしなければならない（行訴33条2項）。これは，拒否処分の取消しにより，処分がなかった状態まで巻き戻る，つまり申請を受けたところまで戻ることを考えれば当たり前のことであり，確認的規定である。

反復禁止効	裁判所が違法であると認定した処分と同一理由または資料に基づいて，同一の名宛人

に対し，同一内容の処分をすることが禁じられることを指して，反復禁止効という。その根拠については学説により分かれている（拘束力の規定により創設的に規定されたとみるか，既判力に含まれるとみるか）が，いずれにしても，紛争の蒸し返しを防ぐ趣旨である。

　再度の処分が禁止されるのはあくまで同一の理由に基づく場合であって，異なる理由付けに基づく再度の不利益処分や，再度の申請拒否処分が封じられるわけではない。しかし，学説においては，前訴段階で主張できる理由につき，あえて追加しなかったときに，再度の拒否処分を行うことに対する批判もある（この点は，理由の差替え・追加をどこまで許容するかという論点と裏返しである。そのため，拘束力での説明ではなく，訴訟上の信義則により封じるという議論もある）。

整合化義務	一連の行政過程において行政処分が複数連なる場合，そのうちの一部の処分が判決に

により取り消されると，他の処分の意味がなくなる場合がある。その場合は，処分庁および関係行政庁は関連する処分を職権で取り消さなければならない（整合化義務）。

5　取消訴訟以外の抗告訴訟

その他の抗告訴訟に関する規定	抗告訴訟は，「行政庁の公権力の行使に関する不服の訴訟」（行訴3条1項）と定義さ

れているが，そこには取消訴訟（処分に対するもの〔同条2項〕と裁決に対するもの〔同条3項〕）に続いて，無効等確認訴訟（同条4項），不作為の違法確認訴訟（同条5項），義務付

け訴訟（非申請型〔同条 6 項 1 号〕・申請型〔同項 2 号〕），差止訴訟（同条 7 項）が規定されているのは，既に述べた通りである。

　この分類に応じて，行訴法 36 条以下に，その他の抗告訴訟についての訴訟要件や審理に関する特則が置かれている。ここで注意したいのは，同法 38 条において，取消訴訟の規定がそれぞれの訴訟類型の特質に応じて準用されていることである。以下，それぞれの訴訟類型に適用される規定について，取消訴訟との対比で説明する。

> 「法定外抗告訴訟」
> の格上げ

義務付け訴訟，差止訴訟に関する規定は枝番になっている。これは，行訴法平成 16 年改正でこれらの訴訟類型が法定されたからである（→コラム 3-2 参照）。法改正前も，規定はないものの，義務付け訴訟・差止訴訟は提起できるのではという考え方が学説においては有力であったが（法定外抗告訴訟として議論されていた），実務では認められてこなかった。ある意味で「格上げ」が行われたわけである。同法 3 条 2 項から 7 項に列挙された以外になお「法定外抗告訴訟」があるかどうかは議論の余地がある。

⇒153 頁

（1）　無効等確認訴訟

> 「バスに遅れた取消
> 訴訟」

無効等確認訴訟とは，処分もしくは裁決の存否またはその効力の有無の確認を求める訴訟（行訴 3 条 4 項）である。実際にはほとんどは無効確認訴訟であり，処分不存在確認はまれである。行政行為が違法であっても，市民側から争うには行政不服審査か取消訴訟によるしかなく（これを指して**行政行為の公定力**と呼ぶことがある），取消訴訟の出訴期間（同法 14 条）を過ぎてしまうと取消しの訴えを提起することはできない（これを**行政行為の不可争力**と呼ぶことがある

→第2編第1章8)。 ⇒68頁

　この点，無効等確認訴訟には，行訴法8条や9条が準用されておらず（同法38条参照），審査請求前置や出訴期間の定めがない。これは，行政行為が無効であるならば，当初から効力はないはずであって，それを確認するための訴訟だからである。その意味で，取消訴訟の出訴期間を過ぎた場合（「バスに遅れた場合」）にも用いることができる。しかし，取消訴訟で取消しが認められるための違法性の程度と，無効確認訴訟で無効が認められるための違法性の程度に差があり，本案認容判決のハードルが上がることになる。

| 取消訴訟と共通の訴訟要件 |

　取消訴訟と同様の規定を置いているか，あるいは準用されているために，同じ考え方でよい訴訟要件は，**処分性**（行訴3条4項），**原告適格**（同法36条前段は9条と同じ「法律上の利益を有する者」とする），**狭義の訴えの利益**（同法36条），**被告適格および管轄**（同法38条1項による11条・12条の準用）である。

| 補 充 性 |

　行訴法36条は，「無効等確認の訴えは，**【a】**当該処分又は裁決に続く処分により損害を受けるおそれのある者**【b】**その他当該処分又は裁決の無効等の確認を求めるにつき法律上の利益を有する者で，**【c】**当該処分若しくは裁決の存否又はその効力の有無を前提とする現在の法律関係に関する訴えによつて目的を達することができないものに限り，提起することができる」と規定する（【　】は説明のために引用者により挿入）。この条文をどのように理解するかが問題となる。

　まず，この規定の前提として，行政処分が無効であることを主張することは，行政訴訟以外でも可能であるということを理解しよう。例えば，課税処分の無効を主張したいのであれば，そもそも処分が

無効であり当初から効力を生じない以上，直接，現在の法律関係に関する当事者訴訟や民事訴訟（債務不存在確認や国家賠償訴訟等）によることが考えられる（民事の労働紛争において，解雇無効それ自体を争うのではなく，解雇の無効を前提とした未払給料請求訴訟が提起できる，というのと似ている）。この規定が制定された当時の民事訴訟理論において，過去の法律関係の確認訴訟は例外的な扱いであるとされていたことから，この規定が作られたと解されている。

　文理解釈上の問題は，本条の読点の位置である。【b】と【c】の切れ目にあることから，そのまま読むと，【a】当該処分等に続く処分により損害を受けるおそれのある者は，あくまで【b】の例示であって，どんな場合にも【c】が「かつ」でかかるように思える（つまり，【a】かつ【c】か，【b】かつ【c】でないと，無効等確認訴訟が認められない。例示と考えるなら，あくまで 1 パターンになるので，これを指して**一元説**と呼ぶ）。しかし，これは立法ミスといわれており，立法担当者は【a】のみでも提訴可能であり，この規定は【a】パターンと【b】かつ【c】パターンの 2 つを規定したもの（**二元説**）だと考えていたとされている。後続処分での不利益を受ける可能性だけで十分救済の必要性はあると理解できるから，実質的にもそのほうが妥当な解釈だと考えられている。

　それでは，実際にはどのような事例で何を基準に判断されているのだろうか。土地改良法に基づく換地処分につき，照応の原則違反だとして無効確認訴訟が提起された事件では，「換地処分の無効を前提とする現在の法律関係に関する訴え」（例えば，無効を前提として，「現在の所有者」とされている人を被告として所有権確認訴訟などの民事訴訟を提起すること）との関係で補充性が問題となった。最高裁は，「むしろ当該換地処分の無効確認を求める訴えのほうがより直截的

で適切な争訟形態」であるとして，換地処分無効確認訴訟の訴えの利益を認めた（最判昭和 62・4・17 民集 41 巻 3 号 286 頁）。

　また，人格権に基づき，電力会社に対し提起された原子炉運転の民事差止訴訟と，原子炉設置許可処分の無効確認訴訟も，それがもたらす結果だけ見ると，同じような機能を果たすように見えるため，本条が問題となった。もんじゅ訴訟では，第一審においては補充性が否定され却下されてしまった（福井地判昭和 62・12・25 民集 46 巻 6 号 590 頁）。しかし，控訴審は，両訴訟の違いを踏まえて，訴えの利益を認めた（名古屋高金沢支判平成元・7・19 民集 46 巻 6 号 1061 頁）。最高裁は，人格権等に基づく民事差止訴訟は原子炉設置許可の無効を前提にしているわけではないとして，第一審の判断を覆した高裁判決を支持した（最判平成 4・9・22 民集 46 巻 6 号 1090 頁）。

| 本案審理の対象 |

本案勝訴要件は，処分が無効であることである。これは単に違法であることだけでは足りず，原則として，これは「重大かつ明白」な違法性（瑕疵）があることだと考えられている（→第 2 編第 1 章 7 参照）。$^{⇒66頁}$

コラム 3-6　不作為の違法確認訴訟は中途半端……

　行訴法 3 条 5 項は不作為の違法確認訴訟について定めているが，これは，行政の不作為一般について対象にしているわけではない。あくまで，「法令に基づく申請」をしたにもかかわらず，行政庁がまだ応答してくれないという状況に追い込まれてしまった申請者の権利救済を想定した訴訟類型である。そのため，その原告適格は「処分又は裁決についての申請をした者」に限られている（行訴 37 条）。

　この類型は 2 つの意味で中途半端である。まず，申請に応答する処分（申請拒否でも認容でも）が行われた時点で，訴えの利益が消滅し，

訴え却下になってしまう。次に，「相当な期間」の経過（同法3条5項）が認められ，判決が認容されて「不作為が違法」だと判断されても，それだけでは紛争は解決しない。その判断は「申請を認容すべきこと」を拘束するのではなく，しないままでいることが違法というにすぎないから，行政庁は堂々と拒否処分をしてもよいからである。つまり，義務付け訴訟までしないと，本当は意味がない。

なぜこの類型が必要だったのだろうか。行政事件訴訟法制定当時は，司法権と行政権の権限分立の観点から義務付け訴訟は認められないのではないかという考え方も根強く，法律で定めることを見送ったからである。そのため，不作為だと対象となる処分もなく，取消訴訟も提起できないので，「不作為の違法」を確認し，行政に判断を促すという限りでの司法救済が意図されたというわけである。

今となっては義務付け訴訟があるのだから，もはや不要であるようにも思えるが，後述の通り申請型義務付け訴訟は「2段ロケット」型に整理され法定されたので，「1段目」の訴訟として残っている。

（2）　義務付け訴訟

> 2種類の義務付け訴訟

平成16年改正後の行訴法は，義務付け訴訟制度を法定した。義務付け訴訟とは「行政庁がその処分又は裁決をすべき旨を命ずることを求める訴訟」であるが（行訴3条6項），非申請型の処分の義務付けの訴え（同項1号）と，申請型の処分の義務付けの訴え（同項2号）の2類型に分かれている。この2つの区別は，「法令に基づく申請」（同項2号）を処分の根拠法令が前提としているかどうかで決まる。

義務付け訴訟に関する特則は，非申請型については行訴法37条の2，申請型については37条の3に規定されている。既に説明し

た取消訴訟（および不作為の違法確認訴訟）との連続性から，後者について先に説明しよう。

（a）　申請型義務付け訴訟

「2段ロケット型」
の構造

申請型義務付け訴訟（行訴3条6項2号）の訴訟要件は，行訴法37条の3に規定されている。ここで初学者は，条文の構造がよくわからなくなる危険があるので，同条を読むときには，それぞれの条文を代入しながら読むようにしてみよう。

　まず，行訴法37条の3第1項は，大きく分けて2つの類型を決めている。1項1号は，「不作為の違法確認」型であり，2号は「取消型」と「無効・不存在型」である。そして，これらの訴訟を提起するときは，対応する訴訟を併合提起しなければならない（同法37条の3第3項）。つまり，申請に対してまだ処分がされていないのであれば不作為の違法確認訴訟と義務付け訴訟を一緒に提起し，拒否処分がされたなら出訴期間内であれば取消訴訟を，出訴期間が過ぎているなら無効等確認訴訟を一緒に提起しろ，というのである（以下，本項目において，これらをまとめて「取消訴訟等」と呼ぶ）。

　なお，取消訴訟等との併合提起は「次の各号に掲げる要件のいずれかに該当するときに限り，提起することができる」（同法37条の3第1項柱書）とされていることから，申請型義務付け訴訟の訴訟要件であるが，本案勝訴要件について規定している同条5項においても「〔第1項から第3項に規定する〕各号に定める請求に理由があると認められ」ることが規定されている。つまり，訴訟提起時に取消訴訟等が一緒に提起できる（取消訴訟等それぞれの訴訟要件を満たしている）だけでなく，義務付け訴訟の認容のためには，まずは取消訴訟等が認容され，それを踏まえて，義務付け訴訟の本案勝訴要件が判

断される，という構造になっている。1段目である取消訴訟等が成功しないと，2段目である申請型義務付け訴訟も成功しない。まるで2段ロケットのような構成である。これは，行訴法制定後の取消訴訟に関する議論・実務の積み重ねを反映させるために，あえて取消訴訟の仕組みを残したといえる。

　情報公開請求に対する不開示決定に対する争いが典型例である。この場合，原告は不開示決定の取消請求と開示決定の義務付け請求を併合提起することになる。不開示決定自体に記載された不開示事由該当性を裁判所も認めた場合は，取消請求の本案勝訴要件を充たさないことになるので，取消訴訟については請求棄却となる。そして，開示決定の義務付けの訴えについては，行訴法37条の3第1項2号の要件を充たさないこととなるので，義務付けの訴えは訴え却下となる（このような結論になった事例として，最判平成21・12・17判時 2068 号 28 頁）。

　　取消訴訟と共通の
　　訴訟要件

取消訴訟と同様の規定を置いているか，あるいは準用されているために，同じ考え方でよい訴訟要件は，**処分性**（行訴3条6項），**被告適格**および**管轄**（同法38条1項による11条・12条の準用）である。

　　原告適格と訴えの
　　利益

申請型の原告適格は「法令に基づく申請又は審査請求をした者」に限られている（行訴37条の3第2項）。また，求めている処分がなされた時点で，訴えの利益が消滅する。

　　　本案勝訴要件

義務付け請求が認容されるためには，併合提起された取消訴訟等に理由があること（行訴37条の3第5項前段）に加え，「行政庁がその処分若しくは裁決をすべきであることがその処分若しくは裁決の根拠となる法令の

規定から明らかであると認められ」るときまたは「行政庁がその処分若しくは裁決をしないことがその裁量権の範囲を超え若しくはその濫用となると認められるとき」であることが必要とされている（同項後段）。「規定から明らかである」とは，根拠規定において行政裁量が認められていない場合を想定している。

> 「一定の処分」に
> 対する訴え

裁量権の逸脱・濫用については，取消訴訟の審理で取り上げた行政裁量の司法審査の問題に加えて，義務付けられる処分の内容の特定に関する問題が議論される。

　義務付け訴訟の定義規定をよく読むと，「一定の処分又は裁決を求める旨」（行訴3条6項2号）とある。これは，法改正前の議論において，問題になった点につき，立法上解決を試みた結果である。つまり，行政に効果裁量があり，どのような内容の処分になるのかが一義的に確定しない場合であっても，原告は義務付け請求をすることができるのか，そして裁判所は義務付け判決を下すことができるのかという問題があった。

　このような場合に，原告側が適切妥当な処分内容を一義的に定めることができるのでなければ訴訟の提起を認めないであるとか，裁判所が審理した結果導き出される適切な内容と一致しなければ義務付け請求が認容されないとしてしまうと，実効的な権利救済が果たされないことになる。そこで，改正法は（改正前の下級審でとられていた「特定の処分」という用語法を採用せず）「一定の処分」というやや幅を持たせた文言にすることで，この問題をある程度解消している。下級審では，5つの保育園のうちどれかへの入所許可決定（東京地判平成18・10・25判時1956号62頁）や，一定時間以上を想定した支給量を内容とする介護費給付決定（大阪高判平成23・12・14判例

自治 366 号 31 頁）を義務付ける判決がある。

> 併合提起された訴訟についてのみの一部判決（分離取消判決）

当初の拒否処分が違法であることは確定しても，どのような処分を下すべきかが確定しないことがありうる。特に，通説によれば取消訴訟と義務付け訴訟は基準時が異なるため，取消訴訟の基準時（処分時）において違法だと確定しても，義務付け訴訟の基準時（判決時）においては違法とは言えない場合に問題となる。

　併合提起された訴えと義務付けの訴えは一体として審理されるのが原則（行訴 37 条の 3 第 4 項）だが，「裁判所は，審理の状況その他の事情を考慮して，第 3 項各号に定める訴えについてのみ終局判決をすることがより迅速な争訟の解決に資すると認めるときは，当該訴えについてのみ終局判決をすることができる」とされている（同条 6 項）。実際に行訴法 37 条の 3 第 6 項を適用した裁判例もあるが，「一定の処分の義務付け認容判決」に比べると中途半端な解決となることは否めず，同項の適用場面には議論が残っている（大阪地判平成 19・3・14 判タ 1252 号 189 頁とその後の展開につき，横田・義務付け訴訟参照）。

(b)　非申請型義務付け訴訟

> 非申請型義務付け訴訟とは

非申請型義務付け訴訟と申請型義務付け訴訟の区別の基準は「法令に基づく申請」（行訴 3 条 6 項 2 号）を当該個別法が予定しているか否かである。求められた処分の名宛人が誰であるかはこの区別には関わらない。

　そのため，非申請型義務付け訴訟には，処分の名宛人以外の第三者が原告となって行政権の発動を求めるもの（第三者型）が典型的に想定されているが，申請権のない者が原告となって自己を名宛人

とする職権での行政権の発動を求めるもの（本人型）も存在する。第三者型の典型例は，ある事業につき公害が問題になるとき，周辺住民が規制権限の行使を求めて義務付け訴訟を提起する場合である。本人型の例は，出生時の住民票の記載を求める訴えである。戸籍法の届出（戸49条）に基づき住民票の記載が職権で行われる（住民台帳施行令12条2項1号）ところ，戸籍法上の届出の記載事項に不備があるとされると後者まで行われないこととなるため，このような紛争が生じうる。

| 加重された訴訟要件 |

行訴法が申請型と非申請型を区別している趣旨は，法令上の申請権がない者に義務付け請求を認めると，実体法上は予定していない者に処分発動の申請権を認めるのと同じ結果になるため，救済の必要性が高い場合に限る趣旨だと理解されている。そこで，申請型にはない加重された訴訟要件が規定された，という経緯である。

　非申請型の義務付けの訴えの訴訟要件として，「一定の処分がされないことにより重大な損害が生ずるおそれがあり，かつ，その損害を避けるため他に適当な方法がないとき」に該当することが必要とされている（行訴37条の2第1項）。同項前段は「重大な損害」要件，後段は補充性要件と呼ばれている。

| 重大な損害が生じるおそれ |

「重大な損害」要件に関しては行訴法37条の2第2項により詳細な規定がある。同条1項の「重大な損害が生じるおそれ」が生じるか否かを判断するに当たり，「損害の回復の困難の程度を考慮するものとし，損害の性質及び程度並びに処分の内容及び性質をも勘案するものとする」と定める。裁判例においても，生命・身体に関する損害であるから一律に認められるとか，経済的な利益である

から一律に認められないというものではなく，事案に即して議論されている。例えば，違法建築物の除却のための是正命令（建基 9 条 1 項）の発令を近隣住民が求めたという事案について，倒壊や炎上のおそれをもって周辺住民の生命・身体の安全に危険が及ぶとして重大な損害が生じるおそれを認めた例（大阪地判平成 21・9・17 判例自治 330 号 58 頁）もあれば，具体的に発生しうる損害の立証を欠いているとして否定された例（横浜地判平成 22・6・30 判例自治 343 号 46 頁）もある。

> **補 充 性**

「その損害を避けるために他に適当な方法がない」（行訴 37 条の 2 第 1 項）とは，どのような状況か。

　自己に有利な処分を求める趣旨（本人型）の場合，申請権がある場合は取消訴訟と申請型義務付け訴訟の併合提起で解決できるため，その場合も非申請型義務付け訴訟は補充性要件を充たさず却下される。不利益処分の取消訴訟で解決できる場合も同様である。さらに，損害を避けるための救済手続が個別法の中に用意されているにもかかわらず，それを用いずに当該処分の職権取消しや撤回を求める義務付け訴訟は，補充性要件を充たさないとして却下される。典型的な例としては，納付税額が過大である場合に優先的に利用されることが想定されている「更正の請求」（税通 23 条）という手続を経ずに，減額更正の義務付けを求めることはできないと理解されている。

　他方，周辺住民が事業者への是正命令の発令を求めるというような第三者型の義務付け訴訟において，周辺住民が事業者に対して民事差止請求を行うことができても，それは行訴法 37 条の 2 第 1 項にいう「他に適当な方法」に当たらないと解されている。民事上の差止請求の要件や効果は異なるし，事業者が従うかどうかにつき確

実性がないため，補充関係にないからである。

第三者型における「一定の処分」

非申請型義務付け訴訟も「一定の処分」（行訴3条6項1号）を求める訴えであり，これは過度に処分の内容の特定性を求めないようにする趣旨である（申請型義務付け訴訟についての説明も参照）。しかしながら，裁判所の判断が可能な程度には特定しなければならない，と理解されている。これは，第三者が権限発動を求める非申請型義務付け訴訟において，是正のための処分の内容決定につき効果裁量がある場合に，特に問題となる。

　具体的な事例として，経営破綻している産業廃棄物処分場業者に対する措置命令（廃棄物19条の5第1項）とその代執行（同法19条の8第1項）の義務付けが求められた福岡高判平成23・2・7判時2122号45頁が参考になる。本判決は前者についてのみ認容判決を下したが，その判決主文では「……法19条の5第1項に基づき，生活環境の保全上の支障の除去又は発生の防止のために必要な措置を講ずべきことを命ぜよ」としており，根拠規定は明示しているものの，具体的にどのような内容の措置を行うべきかについては言及していない。判決確定後，行政過程においてどのような内容の措置命令を下すべきかにつき追加の調査と専門家会議による議論がなされ，鉛不溶化措置やガス抜き対策，モニタリング等を内容とする措置命令が発せられた後，名宛人が履行できないことを踏まえて，行政代執行が行われた。

取消訴訟と共通・類似の訴訟要件

非申請型義務付け訴訟の訴訟要件につき，**処分性**（行訴3条6項1号），**原告適格**（同法37条の2第3項の「法律上の利益」。同条4項で，取消訴訟の第三者の原告適格についての解釈規定〔同法9条2項〕が

準用されている），**被告適格**および**管轄**（同法 38 条 1 項による 11 条・12 条の準用）は取消訴訟と同様に考えてよい。

狭義の訴えの利益

求めている処分が行われた場合は，その時点で狭義の訴えの利益は消滅する。

本案勝訴要件

非申請型義務付けの訴えにつき，行政庁が一定の処分をすべき旨を命ずる判決（義務付け判決）を裁判所がするための要件（本案勝訴要件）として，「行政庁がその処分〔若しくは裁決〕をすべきであることがその処分〔若しくは裁決〕の根拠となる法令の規定から明らかであると認められ」るときまたは「行政庁がその処分〔若しくは裁決〕をしないことがその裁量権の範囲を超え若しくはその濫用となると認められるとき」であることが必要とされている（行訴 37 条の 2 第 5 項）。裁量がない場合と裁量がある場合が書き分けられていること，効果裁量がある場合に「一定の処分」該当性が考慮されるという点は申請型義務付け訴訟と同じ構造である。

（3）　差止訴訟

差止訴訟とは

平成 16 年改正後の行訴法は，差止訴訟制度を法定した。差止めの訴え（行訴 3 条 7 項）は，「行政庁が一定の処分又は裁決をすべきでないにかかわらずこれがされようとしている場合において，行政庁がその処分又は裁決をしてはならない旨を命ずることを求める訴訟」であると規定されている。典型例として想定されるのは，自らに業務停止命令や免許取消処分などの不利益処分が下されようとしているときにそれを差し止めたいという場合（本人型）や，事業者に事業に関する許可が出されそうなときに，その事業を行うことにつき反対する周辺

住民などがそれを差し止めたい場合（第三者型）が考えられる。

差止訴訟の訴訟要件は，以下のものが必要
だとされている。まず，上記の行訴法3条
7項の文言に照らして，差止めの訴えの要件を充たしているか否か
について裁判所の判断が可能な程度に特定された「一定の処分又は
裁決」であること（**処分性**および**請求の特定**の問題），かつ，「行政庁
がそのような処分又は裁決をすべきでないにかかわらず**これがされ
ようとしている場合**」であるという，即時確定の利益に相当する要
件（**蓋然性**要件）が必要とされている。さらに，行訴法37条の4は，
「一定の処分又は裁決がされることにより重大な損害を生ずるおそ
れがある場合に限り」提起することができること（**重大な損害**要件，
行訴37条の4第1項本文），その場合であっても「その損害を避ける
ため他に適当な方法があるとき」は提起することができないとされ
ている（**補充性**の要件，同項但書）。先行処分の取消訴訟を提起する
と後行処分が自動的に執行停止することが個別法で法定されている
ような場合（例：税徴90条3項）は，補充性の要件を充たさないた
め，後行処分の差止訴訟を提起することはできない。

また，第三者型の場合は，取消訴訟と同様に，**原告適格**が問題と
なることが多い（行訴37条の4第3項の「法律上の利益」）。**被告適格**
および**管轄**（同法38条1項による11条・12条の準用）は取消訴訟と同
様に考えてよい。

この要件からは，取消訴訟等と同じく「**処
分性**」がある行為が対象でなければならな
いということと，「一定」の処分等である
ため，訴訟要件や本案勝訴要件につき，裁判所が審理できる程度の
請求の特定があればよい，ということが読み取れる。

　この点で，人格権等に基づく民事訴訟での差止めと行政訴訟における差止めのどちらによるべきかが問題となってきた類型として，国営空港や自衛隊基地での航空機の運航がある。通常の公共事業等で，公権力の行使に当たらない事実行為の差止めについては，民事上の差止訴訟によるのが原則であると考えられる（例えば国道 43 号線からの騒音について提起された最判平成 7・7・7 民集 49 巻 7 号 2599 頁）。しかし，当時国営空港であった大阪国際空港の運航差止めにつき，最大判昭和 56・12・16 民集 35 巻 10 号 1369 頁〔大阪空港訴訟〕は，国営空港の供用には空港管理権だけでなく航空行政権の行使が不可分一体であるとして，民事差止請求を不適法として却下した。自衛隊基地の運航についても問題となっていたところ，第 4 次厚木基地訴訟（最判平成 28・12・8 民集 70 巻 8 号 1833 頁）は，抗告訴訟としての差止めの訴えとして審理した（請求は棄却された）。

　また，特定性の問題についても，第 4 次厚木基地訴訟での原告の請求の趣旨を確認すると，一定の時間帯（夜間から朝）の離着陸の禁止や一定以上の騒音発生の禁止等を求めるものであり，この点はこの程度の特定性で足りるという前提に立っている。

| 蓋 然 性 |

処分が「されようとしている場合」であるため，一定の処分がされる**蓋然性**が必要となる。例えば，行政手続法において，不利益処分をする前には告知・聴聞（弁明の機会の付与）が規定されているが，これらの通知等が届いている場合は，蓋然性があるといえる。国歌斉唱ピアノ伴奏拒否事件（最判平成 24・2・9 民集 66 巻 2 号 183 頁）では，国歌斉唱時のピアノ伴奏を拒否していた東京都の教職員が今後の懲戒処分の差止めを求めた事案につき，最高裁は，実務での運用を考慮したうえで，懲戒免職処分については蓋然性がないため却下されるが，それ

より弱い効果を持つ懲戒処分（停職，減給，戒告）については蓋然性
があると判断した。

<u>「重大な損害」要件</u>　差止訴訟は，「重大な損害を生ずるおそれ
がある場合に限り，提起することができ
る」（行訴37条の4第1項）とされ，その判断にあたっては，裁判所
は「損害の回復の困難の程度を考慮するものとし，損害の性質及び
程度並びに処分又は裁決の内容及び性質をも勘案するものとする」
とされている（同条2項）。非申請型義務付け訴訟の過重要件と似て
いるが，差止訴訟はいわば「前倒しした取消訴訟」であるため，事
後的に提起可能な取消訴訟および執行停止で，容易に救済できるの
ではないかが問題となる。もし取消訴訟で十分に救済可能である場
合は，「重大な損害」ではない，と判断される（前掲・最判平成24・
2・9）。

<u>本案勝訴要件</u>　差止訴訟の本案勝訴要件については，「処
分若しくは裁決をすべきでないことがその
処分若しくは裁決の根拠となる法令の規定から明らかであると認め
られ」る場合，あるいは，「処分若しくは裁決をすることがその裁
量権の範囲を超え若しくはその濫用となると認められる」場合であ
ることが必要とされている（行訴37条の4第5項）。前者は裁量がな
い場合の規定であり，後者は裁量がある場合の規定である。差止請
求が認容された例としては，公定幅運賃の範囲を下回る運賃の届出
をしたタクシー事業者に対する運賃変更命令処分の差止請求と運賃
変更命令違反を理由とした許可取消処分の差止請求を認容した大阪
高判平成28・6・30判時2309号58頁がある。

6　当事者訴訟

> **2 種類の当事者訴訟**

　行政事件訴訟法は,「当事者間の法律関係を確認し又は形成する処分又は裁決に関する訴訟で法令の規定によりその法律関係の当事者の一方を被告とするもの」(行訴 4 条前段)と,「公法上の法律関係に関する確認の訴えその他の公法上の法律関係に関する訴訟」(同条後段)という 2 種類の当事者訴訟を規定する。前者を形式的当事者訴訟といい, 後者を実質的当事者訴訟という。

(1)　形式的当事者訴訟

> **形式的当事者訴訟とは**

　形式的当事者訴訟は,「**法令の規定によりその法律関係の当事者の一方を被告とする**」という言葉からもわかるとおり, 常に認められるというわけではなく, 法的仕組みの中で, 当事者同士で訴訟をさせたほうが良いと判断されるようなときに, 法律上特別に認められる特殊な訴訟である。

　ここでは典型例だけ覚えておこう。土地収用法の収用委員会の裁決に関し, 損失補償額を争う訴訟である。同法 133 条 3 項が, 収用委員会の裁決のうち損失の補償に関する訴え(収用 133 条 2 項)について,「これを提起した者が起業者であるときは土地所有者又は関係人を, 土地所有者又は関係人であるときは起業者を, それぞれ被告としなければならない」と規定し, 形式的当事者訴訟の利用を強制している。所有権の帰属が争いになるのであれば収用委員会あてに裁決に対する抗告訴訟で争えばよいが, その価額のみが問題になっている場合は, 元の所有者とこれからの所有者との間で調整して

ほしい，という考え方に基づいている。

| 準用される特則 | 形式的当事者訴訟は「処分または裁決に関する訴訟」であることから，当該処分をした行政庁およびその他の関係行政庁への出訴の通知義務があり（行訴39条），出訴期間の定めがある場合の規定（同法40条）が適用されるほか，行訴法41条1項および2項において，取消訴訟の審理に関する規定（特に，行政庁の訴訟参加〔同法23条〕，関係書類提出に関する釈明処分の特則〔同法23条の2〕，取消判決の拘束力〔同法33条1項〕など）が準用されている。

(2) 実質的当事者訴訟

| 実質的当事者訴訟とは | 実質的当事者訴訟とは「公法上の法律関係に関する訴訟」であり，非常に多くの可能性を秘める，開かれたものである。典型例として想定できるのは，憲法29条3項や個別法の規定に基づく損失補償を求める訴訟（給付訴訟），公務員の地位確認訴訟（確認訴訟）などがある。

| 確認訴訟の積極的活用へ | 行訴法平成16年改正により，「公法上の法律関係に関する確認の訴え」という文言が挿入され，「公法上の法律関係に関する訴訟」の中に確認訴訟が含まれていることが法令上も明確になった。この挿入が創設的なものではなく，確認的な意味合いにすぎないことは異論がない（最大判昭和41・7・20民集20巻6号1217頁の薬局開設許可を受ける義務がないことの確認訴訟など，改正前から公法上の確認訴訟を許容する最高裁判例は存在した）。改めて実質的当事者訴訟，とりわけ確認訴訟の積極的活用がうたわれたことで，国民の権利利益

の実効的救済を図ろうとしたものと理解されている。つまり，処分に該当しない行政活動が問題となったり，そもそも自らの地位が問題になっているような場合にも，請求内容を工夫することで，救済が図れるようになったというわけである（処分性を無理に拡張しなくても救済の途が開かれることになる）。

　改めて注目された確認訴訟については様々な類型の裁判例が登場しており，公法上の法律関係の確認を求める訴えは，原告あるいは被告の**公法上の法的地位の確認**（原告の権利ないし法的地位，原告の義務，被告の義務）を求める請求と，**処分ではない行政活動**（政令・省令，通達，行政契約，行政指導，条例等）についてその**存否や違法性の確認**を求める請求とに大別されると考えられている。

> 確認の利益

多様な請求内容がありうるとして，それが実際に認められるかは，確認の利益が認められるかどうかにかかっている。抗告訴訟については，対象選択の適否やタイミングは処分性，出訴者の資格は原告適格，紛争解決の必要性は狭義の訴えの利益の問題として議論されていたが，これらに相当する内容が，すべて確認の利益の問題として議論される。

　その確認の利益の存否の判断においては，民事訴訟における確認訴訟の適法性を判断する際の枠組みが参照されている。民事訴訟理論では，確認の訴えは，給付訴訟等に比べると直接的な紛争解決に結びつきにくいという理由で，「他により適切な手段がある場合には提起できない」（補充性）と考えられ，確認の利益についてはやや厳しめに，分節的に判断されている。つまり，**対象選択の適否**（確認対象として選んだ訴訟物が，原告・被告間の紛争解決にとって有効・適切か），**即時確定の必要性**（紛争が確認判決によって即時に解決しなければならないほど切迫した成熟したものか），**方法選択の適否**（確認訴訟と

いう手段が具体的紛争の解決にとって有効・適切か）が問題となる。

対象選択の適否が問題となった例
どのように確認対象を構成するかが問題となる。在外邦人選挙権訴訟（最大判平成17・9・14民集59巻7号2087頁）では，憲法上の権利として選挙権（憲15条）が認められているにもかかわらず，国外に住む者には公職選挙法上その行使方法がないという状況に対して，原告は，①過去行われた選挙時点での法が違憲違法であることの確認，②いまの公職選挙法が違憲違法であることの確認を求め，それらが認められなかったときに備えて予備的に，③次の選挙で選挙権を行使する権利を有することの確認（地位確認）を求めて提訴した。最高裁は，①は過去の法律関係の確認を求めるものであり不適法であり，②よりも③の方法が紛争の抜本的解決のためには適切であるとして②については不適法だとして認めず，③について，審理を行って，確認の訴えを認容した。

在外邦人選挙権訴訟を踏まえて提起された在外邦人裁判官国民審査権訴訟（最大判令和4・5・25民集76巻4号711頁）においては，在外邦人向けの仕組みが不十分ながら公職選挙法にあった選挙権とは異なり，最高裁判所裁判官の国民審査権（憲79条）については在外邦人向けの制度について手がかりとなる条文が全くないことが問題になった。そのため，原告は，次回の国民審査で審査権を行使することができる地位にあることの確認（地位確認の訴え）と，次回の国民審査において国民審査権を行使させないことが違法であることの確認（違法確認の訴え）を両方提起した。最高裁は結論として，双方とも適法な訴えである（訴訟要件を充たす）と認めている（違法確認については請求認容，地位確認については本案勝訴要件がないとして棄却相当〔原審が却下であるため，変更しない〕とした）。

　両者を比較すると，在外邦人選挙権訴訟では②公職選挙法それ自体の違法（違憲）確認請求は不適法として認められなかったことを踏まえて，国民審査権訴訟では「行使させないこと」の違法を確認する，という違法確認の訴えが提起された。同じ「違法確認」であっても，対象が異なることに留意したい。そして，国民審査権訴訟では「行使させないこと」の違法確認が適法な訴えであることが最高裁において初めて認められ，結論においても請求が認容された。また，それが地位確認と排他的でないことも確認されたといえよう。このような確認訴訟が適法であり請求認容にまで至ったことは，今後の活用が見込まれるものとして注目される。

> 方法選択の適否と
> 補充性

　紛争解決のために確認訴訟という手段が有効・適切でなければ，確認の利益は認められない。民事訴訟においては給付訴訟が他の手段の例として比較されるが，行政訴訟においては，抗告訴訟との関係が問題となることがある。

　前掲・国歌斉唱ピアノ伴奏拒否事件（最判平成 24・2・9 民集 66 巻 2 号 183 頁）では，「起立・斉唱義務のないことの確認」も請求されていたところ，最高裁はそれを「懲戒処分の予防を目的としたもの」と「行政処分以外の処遇上の不利益の予防を目的としたもの」とに区分したうえで，前者については（無名抗告訴訟として理解したうえで）処分差止訴訟が可能である以上補充性がないとし，後者については「〔行政処分以外の〕処遇上の不利益が反復継続的かつ累積加重的に発生し拡大していく」こと等を考慮して，有効適切な争訟方法であると認めた。

> 即時確定の利益

　上記引用箇所は，即時確定の利益について最高裁が事例判断を行ったところでもある。

どの程度の切迫性が必要かの基準につき，明確な判断はまだない。

| 本案勝訴要件 |

行訴法には特に規定はないので，民事訴訟と同様に，本案勝訴要件は，それぞれの訴訟における訴訟物により異なる。給付訴訟では給付請求権の存否，確認訴訟では確認を求められた法律関係や法的地位の存否となる。

　請求が認容された確認訴訟としては，上述の在外邦人選挙権訴訟（地位確認）および在外邦人裁判官国民審査権訴訟（地位確認および違法確認）のほかに，（ネット経由の販売を規制しようとした薬事法施行規則の規定にかかわらず）一定の医薬品をインターネットで販売できる権利ないし地位の確認が求められた事件（最判平成25・1・11民集67巻1号1頁〔医薬品ネット販売訴訟〕）がある。

7　仮の救済

| 仮の救済とは |

日本法の仕組みでは，行政処分に不服があるとして訴訟を提起したとしても，それだけでは行政処分の効力は止まらないし，それに続く手続が進行してしまう。「処分の取消しの訴えの提起は，処分の効力，処分の執行又は手続の続行を妨げない」（行訴25条1項）というのはこのような意味であり，このことを指して**執行不停止原則**という。無効等確認訴訟にも準用されている（同法38条3項）。

　しかし，訴訟を経て判決を受けるまでの間に処分の執行が終わってしまうと狭義の訴えの利益がなくなってしまったりして，権利救済が果たせなくなる。そのため，判決の前に「仮に」，効力や手続を止める必要が生じる。義務付けや差止めについても同様である。そこで，取消訴訟に対応して執行停止（同法25条）が，義務付けと

差止めに対応してそれぞれ仮の義務付けと仮の差止め（同法 37 条の
5）が規定されている。これらをまとめて，「仮の救済」と呼んでい
る。民事訴訟でいう，民事保全法に基づく仮処分に相当する仕組み
である。なお，抗告訴訟の対象である「行政庁の処分その他公権力
の行使に当たる行為」については，民事保全法の仮処分の仕組みは
適用されない（同法 44 条）。当事者訴訟については，反対解釈から，
民事保全法の仮処分は排除されていないと考えられている。

(1)　執 行 停 止

執行停止とは，処分取消訴訟に対応した仮
の救済である。処分の取消訴訟を提起する
ときに，原告側が執行停止の申立てを行うと，裁判所は，「処分，
処分の執行又は手続の続行により生ずる重大な損害を避けるため緊
急の必要があるとき」に，「処分の効力，処分の執行又は手続の続
行の全部又は一部の停止」を内容とする「決定」を行うことができ
る（行訴 25 条 2 項）。ここでいう「決定」とは，民事訴訟法上の用
語であり，「判決」よりも簡易迅速な判断がされる（口頭弁論が必要
的ではないことにつき，民訴 87 条但書）。

　処分の効力の停止とは，処分を「仮になかったことにする」とい
う意味で一番強力である。そのため，「処分の執行の停止」，例えば，
処分の効力を実施する事実行為である強制送還や「手続の停止」な
ど，処分自体は残したうえでそのあとの手続等を止めれば目的を達
することができる場合は，「効力の停止」をすることはできない
（行訴 25 条 2 項但書）。

執行停止が認められるための要件は，元と
なる取消訴訟（本案訴訟）が適法に係属し

執行停止とは

執行停止の要件

ていること，「重大な損害」が生じること（行訴25条2項）に加え，
「公共の福祉に重大な影響を及ぼすおそれ」がないこと（同条4項），
さらに「本案について理由がないとみえるとき」ではないこと（同
条4項）である。

| 重大な損害 |

「重大な損害」を解釈するための指針（行
訴25条3項）では，「損害の回復の困難の
程度を考慮するものとし，損害の性質及び程度並びに処分の内容及
び性質をも勘案するものとする」とされており，原告適格について
の規定（同法9条2項）と類似している。これは，かつてこの条項
が「回復の困難な損害」というかなりハードルの高い要件であった
ことを修正し，個々の事例に応じた柔軟な判断が可能となるように
改正されたものである。実際，平成16年改正後には社会的信用の
低下や業務上の信頼関係が害されることを理由とした執行停止が認
められている（弁護士懲戒処分の執行停止，最決平成19・12・18判時
1994号21頁）。

| 執行停止ができない場合 |

重大な損害が見込まれても，公共の福祉と
の調整が図られている。また，「本案につ
いて理由がないとみえるとき」とは，本案，
つまりおおもとの取消訴訟について，全く勝訴の見込みがないよう
な場合にまで執行停止を認めるべきではない，という理由による。
もっとも，この要件をあまりに厳格に解しすぎると，結局本案訴訟
の審理をしているのと変わらなくなってしまうため，仮の救済とし
ては不適切であろう。

| 内閣総理大臣の異議 |

なお，執行停止の申立てに対して内閣総理
大臣が異議を申し立てた場合には，たとえ
これらの要件を満たしていたとしても裁判所が執行停止の決定をす

ることができず，した場合は取り消さなければならないという仕組み（行訴27条）がある。しかし，この仕組みそれ自体が権力分立原理をないがしろにするものであって違憲ではないかと疑われており，現在では用いられていない（本来であれば，行訴法改正時に削除すべきであったと思われる）。

(2)　仮の義務付け・差止め

仮の義務付け・
差止めとは

自己に不利益な処分がある場合には，それの取消訴訟と執行停止での救済が図られる。しかし，自己に有利な処分（受益処分）を求めているにもかかわらず拒否された場合には，拒否処分を停止したところで，「ない」状態には変わりはないから，救済されない。平成16年改正前の状況では，執行停止の仕組みを用いてもこのような場合には仮の救済ができなかった。

　平成16年改正で義務付けの訴えが認められたときに，仮の義務付けが整備された（行訴37条の5第1項）。上記のような場合には，申請権がある場合は拒否処分の取消訴訟と受益処分の申請型義務付け訴訟を併合提起し，それに合わせて仮の義務付けの申立てを行うことになる。なお，非申請型義務付け訴訟に対応する救済も，同じ条文で規定されている（同法37条の5第1項は，両者を区別していない）。同様に，差止訴訟においても，仮の差止めが規定された（同条2項）。

仮の義務付け・
差止めの要件

しかし，よくみてみると，執行停止では「重大な損害」であったところ，仮の義務付けでは「償うことができない損害」となっており，要件が加重されている。ただ，これも（金銭で償うことが

できない）生命・身体についての侵害だけでなく，金銭賠償のみに
よって損害を甘受させることが社会通念上著しく不相当とされる損
害まで含む，と説明されている。

　また，執行停止に関するその他の要件も，対応する規定がある。
行訴法37条の5第1項・第2項ともに「本案について理由がある
とみえるとき」を要件に含んでいるし，公共の福祉に重大な影響が
あるときはすることができない（行訴法37条の5第3項）。

```
┌──────────────┐
│ 仮の義務付け・        │
│ 差止めの活用例       │
└──────────────┘
```
仮の義務付けが認容された例として多いの
は，幼稚園や保育所，学校等への入園・入
所・就学を求めているにもかかわらず，障
害等を理由として拒否された場合の救済である（徳島地決平成17・
6・7判例自治270号48頁等）。また，公演のための公の施設の使用許
可についても認容例がある（岡山地決平成19・10・15判時1994号26
頁）。

　仮の差止めについては，タクシーの運賃変更命令等の仮の差止め
が一部認められた例（大阪高決平成27・1・7判時2264号36頁等）が
ある。また，簡易宿所で生活している日雇い労働者に，これまで区
職員が名目上別の場所を住所として届出をするよう勧めてきた経緯
があるにもかかわらず方針が変更されて住民票の消除処分がされそ
うになっている事例において，本件の経緯から消除処分は信義則に
反し許されないとして仮の差止めを認容した例がある（大阪高決平
成19・3・1賃社1448号58頁）。

8　客観訴訟（民衆訴訟・機関訴訟）

> **客観訴訟とは**

自己の法律上の利益に関わらない資格において提起する訴訟を，客観訴訟という。それは，「法律上の争訟」（裁 3 条 1 項）に当たることを前提とせずに提起されるという点で特殊なものである。

行訴法は，客観訴訟たる性質をもつ民衆訴訟と機関訴訟についても定めを置いている。これらは別途法律上の規定があり，その法律で認められている者に限って提起することができる（行訴 42 条）。そして，訴訟手続について，抗告訴訟と当事者訴訟の訴訟手続に関する規定を準用（同法 43 条）している。

（1）　民 衆 訴 訟

> **民衆訴訟とは**

民衆訴訟とは，「国又は公共団体の機関の法規に適合しない行為の是正を求める訴訟で，選挙人たる資格その他自己の法律上の利益にかかわらない資格で提起するもの」（行訴 5 条）である。民衆訴訟の具体例として個別法において法定されているものは，大別して，①選挙訴訟（選挙人名簿に関する訴訟〔公選 25 条〕，地方公共団体の議会議員・長の選挙および当選の効力に関する訴訟〔同法 203 条・207 条〕，連座制による当選無効〔同法 210 条・211 条〕等）と，②住民訴訟（自治 242 条の 2）等がある。

> **住民訴訟とは**

住民訴訟は，地方公共団体の住民であるという資格に基づいて，その地方公共団体の財務会計上の違法について，争う訴訟である。詳しい仕組みは地方自治法に規定されている。

財務会計上の行為について違法・不当だと考える住民は，まずそ

のことにつき，監査委員に対して住民監査請求を行う（自治242条）。監査請求に対する結果について不服があるとき等に限り，住民訴訟を提起することができる（同法242条の2）。

> 1号請求・2号請求
> ・3号請求

住民訴訟は4種類ある。財務会計上の行為の差止請求（自治242条の2第1項1号。1号請求）は，契約締結や代金支払い等の差止めが想定されている。

　行政処分の取消し・無効確認請求（同項2号。2号請求）は，（行政処分として行われる場合の）補助金交付決定の取消しや，行政財産の目的外使用許可の取消しなどが典型例である。

　「怠る事実」の違法確認請求（同項3号。3号請求）とは，本来であれば地方公共団体が取り立てることができるはずの債権についてその取り立てをしていないというような場合に，それを「怠っていること」が違法であることの確認を求める請求である。例えば，公有地に不法占拠者がいる場合，立ち退き請求や賃料相当の不当利得返還請求をしていない場合などに，それらを怠っていることが違法であると訴えるものである。

> 4号請求の変遷

損害賠償請求や不当利得返還請求等を，地方公共団体の長が，職員・相手方等に対して請求することを求める請求（自治242条の2第1項4号。4号請求）は，経緯を踏まえて理解したほうがよい。これは，職員（長も含む）やそれ以外の者により何らかの違法・不当な行為があり，それにより損害等が発生しているはずであると住民が疑っているときに用いられる。

　平成14（2002）年地方自治法改正より前の仕組み（旧4号請求）では，住民が，地方公共団体に代わって，当該職員等を訴える仕組

みで，株主代表訴訟（会社法847条）に似た仕組み（代位訴訟）であった。しかし，これでは当該職員等の個人（特に首長自ら被告になることが多かった）が訴訟の矢面に立つのは負担が大きいという理由で，住民が直接「代位」するのではなく，「本当は機関としての長が，当該職員等に対して請求を行うべきなのに，請求していないのはおかしい」として，住民が，機関としての長を被告として，請求を行うことを義務付ける訴訟，という形に作り替えられた。

そのため，現在の4号請求は「1回目」であり，この訴訟が認容され判決が確定すると，敗訴した地方公共団体の長は，60日以内に，当該損害賠償請求等を実際に相手方に請求することになり（自治242条の3），それに応じないと「2回目」の訴訟が行われる。

(2) 機関訴訟

機関訴訟とは

機関訴訟は「国又は公共団体の機関相互間における権限の存否又はその行使に関する紛争についての訴訟」（行訴6条）と定義されている。

機関訴訟の具体例として個別法において法定されているものは，①国等と地方公共団体間の訴訟（国等の関与に関する訴訟〔自治251条の5第1項・251条の6第1項〕や代執行訴訟〔同法245条の8第3項第12項〕，そして国等による不作為の違法確認訴訟〔同法251条の7第1項・252条2項3項〕），②地方公共団体相互間の訴訟（境界確定訴訟〔同法9条8項以下〕等），③地方公共団体の機関相互間の訴訟（地方公共団体の長と議会の紛争に関する訴訟〔同法176条7項〕等）がある。

国と地方公共団体の間の争い

このうち，国等の関与に関する訴訟（自治251条の5）については，近年活発に用いられている。例えば，いわゆる「ふるさと納

税」制度における返礼品のあり方をめぐって，国（総務大臣）が泉佐野市を同制度の対象となる地方団体の指定から外したことに対して，最高裁は違法だとして，国の不指定処分を取り消した（最判令和2・6・30民集74巻4号800頁〔ふるさと納税訴訟〕）。また，普天間基地の辺野古への移転に関し，国が事業者として申請した公有水面埋立免許をめぐって，沖縄県知事が国土交通大臣の「是正の指示」に従わなかったことが違法と判断された（最判平成28・12・20民集70巻9号2281頁）。

第3章

行政上の不服申立て（行政不服審査）

行政上の不服申立て（行政不服審査）とは，行政機関に対し，行政活動に関する不服につき審理判定することを求める制度である。まずは，ともに行政争訟制度を構成する行政訴訟との違いや関係性について簡単に触れたうえで，行政上の不服申立制度の内容について概観していくこととする。

1　2つの選択肢——行政訴訟と行政上の不服申立て

選択肢の関係性 　例えば，あなたが行政機関（行政庁）から納得のいかない処分を受けたとしよう。あなたの抱いた不服を解決するための方策として，現行法上は大きく分けて2つの選択肢が用意されている。1つは，裁判所に対し行政訴訟（この場合は特に取消訴訟）を提起する方法であり，もう1つは，行政機関に対し不服を申し立てる方法である。

　両制度の関係については，かつては，必ず行政上の不服申立て（昔の用語では「訴願」）を先に行い，それに対する裁決を受けてからでなくては，行政訴訟を提起することができないという，**不服申立前置主義**（訴願前置主義）が採られていた（旧行政裁判法17条1項，旧行政事件訴訟特例法2条）。しかも，訴願の救済率は高くなかったため，このような例外を認めない前置主義は，国民にとって大きな負

216

担となっていた。その後，現行の行政事件訴訟法が昭和 37（1962）年に制定され，同法は**自由選択主義**（行訴 8 条）を採用し，不服申立前置主義を明確に放棄した。これにより，個別の法律が前置主義を採用しない限り，直ちに裁判所に対し行政訴訟を提起することが可能となった。

コラム 3-7　個別法による前置主義の採用

　行政上の不服申立てに関する一般法である行政不服審査法は，平成 26（2014）年に大きな改正がされており，それに伴って不服申立前置主義を採用する個別法の整理も行われた（行政不服審査法の施行に伴う関係法律の整備等に関する法律）。これにより，不服申立前置を定めていた 96 法律のうち 68 法律で不服申立前置が全廃・一部廃止された（47 法律で全廃，21 法律で一部廃止）。改正後も前置主義が維持されているものは，①不服申立件数が大量であり，裁判所の負担軽減のため，不服申立段階で事件数を一定程度スクリーニングする必要のあるもの（国税関連，国民年金関連など），②高度な専門技術的事項について第三者機関が審理を行う必要のあるもの（公害被害関連，公務員関連など），③第一審代替性のあるもの（特許関連など），といった類型に分けられる。

　　行政訴訟との違い　　このように，現行法下では，行政活動について不服がある場合，原則として直接裁判所に訴訟を提起することも可能であるし，まずは行政上の不服申立てを行うことも可能である。それでは，仮にどちらか一方の手続を採るとした場合，あなたはどちらを選択すべきだろうか。それぞれにメリット・デメリットがあるので，それらを勘案して選択することとなる。

　まず，**費用面**について，行政訴訟の場合，訴訟費用は自己負担となるが，行政上の不服申立ての場合，当該制度を用いるために何らかの費用（手数料）が生じることはない。手続に要するコストは，行政側が負担する仕組みとなっている。また，**審理期間**の面から見ると，事案の複雑さにもよるが，総務省に設置された「行政不服審査法の改善に向けた検討会」が令和 4（2022）年 1 月にまとめた最終報告書（以下「最終報告書」という）によれば，国・地方とも，おおむね 7〜8 割の事件が 1 年以内に審理を終えているようである（令和元年度調査結果）。裁判所が令和 2（2020）年 1 月から 12 月を対象に実施した統計（「地方裁判所における民事第一審訴訟事件の概況及び実情」）によれば，行政訴訟の第一審の平均審理期間が 15.9 か月であることからすれば，全体的に行政上の不服申立ての方が迅速な審理がなされているといえよう。

　他方で，**目的面**から見ると，行政上の不服申立てについては，後述するように行政の自己統制（行政運営の適正さの確保）の場としての性格も有しており，国民の権利利益の救済という観点からいえば，中立的な第三者による客観的な紛争解決を目的とする行政訴訟の方に分があるといえる。もっとも，平成 26 年改正後の行政不服審査法は審理員制度や行政不服審査会への諮問制度を備えており，中立性の観点でも前進が見られる。

　審理方法に関しては，行政上の不服申立ては職権主義が採用されており，後述する審理員や行政不服審査会による職権調査権限が広く認められている。そのため，（一部修正があるものの）原則として弁論主義が適用される行政訴訟に比べ，簡易迅速な審理に資する制度設計となっている。また，**審理の対象**に関しても，行政上の不服申立てが行政活動（行政処分）の**違法性および不当性**を対象とするの

に対し，行政訴訟の対象は，行政活動（行政処分）の**違法性**に限定される。不当性に関しては種々の議論があるが，一般的には，行政庁に処分に関する裁量権（判断の余地）が認められる場合に，行政目的や政策目的に照らし，当該裁量権の行使が，その範囲の逸脱や濫用（行訴 30 条参照）に至らない程度に不合理・不適切な場合を指す。したがって，違法性のみを問題とする行政訴訟よりも，行政上の不服申立ての方がよりきめ細やかな紛争解決が可能といえる。もっとも，実際に不当性を理由として申立てを認容する裁決が出されることは稀であり，この点について実質的な差がどれほどあるかについては疑問も残る。

2　行政上の不服申立制度について

それでは，行政上の不服申立制度の内容について概観していこう。行政上の不服申立てに関しては，一般法としての行政不服審査法（行審法）が制定されており，本書では同法に基づく不服申立てについて扱うこととする（以下，平成 26 年改正前後の行審法を指す場合はそれぞれ「旧法」，「改正法」と呼ぶこととする）。なお，特別法に基づく行政上の不服申立ての例としては，単に行審法上の不服申立ての特例を定めたに過ぎないもの（例えば，行政機関情報公開法 18 条以下による審査請求制度など。下記**コラム 3-9** ^{⇒228 頁}および**第 2 編第 5 章 2** ^{⇒131 頁}も参照）のほか，準司法的手続である，いわゆる行政審判制度を採用するものがある（電波 83 条以下，税通 78 条以下等参照）。

（1）　不服申立ての種類・適法要件

　目　　　的　　訴願法の時代においては，訴願の目的は**行政の適正な運営の確保**という自己統制に重きを置いており，**国民の権利利益の救済**のための手段としては位置付けられていなかった。これに対し，行審法は，「国民の権利利益の救済を図るとともに，行政の適正な運営を確保することを目的とする」と明記しており（行審 1 条），前者を第一次的な，そして後者を第二次的な目的として位置付けている。同法の平成 26 年改正は，まさにこの「国民の権利利益の救済」をより実効的なものとする観点からなされたものである。

不服申立ての種類　旧法は，処分を行った行政庁（処分庁）に対し行う異議申立てと，上級行政庁が存在する場合に，これに対し行う審査請求という大きく分けて 2 つの手段を設けていたが，権限の委任等がなされる場合，処分庁や上級行政庁を特定することが困難なケースもあり，国民にとって使いにくい制度となっていた。そこで改正法は，（原則として処分庁の最上級行政庁への）審査請求のみを行えることとし（**審査請求への一元化**），個別法が特に認めている場合に限り，処分庁に対し**再調査の請求**（行審 5 条 1 項）が可能という仕組みを採用している。これにより，国民が "誰に対してどういった形式で不服を申し立てればよいのか" という制度の入口部分で悩まされることはほとんど無くなったといえる。なお，個別法に特別の規定がある場合には，**再審査請求**（同法 6 条 1 項）も可能である（生活保護 66 条 1 項など参照）。

　行審法は，審査請求の種類として「**処分についての審査請求**」（行審 2 条）と「**不作為についての審査請求**」（同法 3 条）を定めている。

以下，両者をあわせて審査請求の適法要件についてみていくが，取
消訴訟や不作為の違法確認訴訟の訴訟要件と重複する部分も多いた
め，本編第2章の該当箇所も参照するようにして欲しい。⇒156頁，189頁

| 適法要件①
審査請求の対象 |

行審法は，不服申立て（審査請求）の対象
を「行政庁の……**処分その他公権力の行使
に当たる行為**」（行審1条）としている。行
訴法と異なり（合わせて「処分」とする旨の）略称に関する規定はな
いが，その内容は同一であり，いわゆる処分性の有無が問題となる
（→本編第2章2）。なお，旧法2条1項は，公権力の行使に当たる事⇒157頁
実行為について「継続的性質を有するもの」に限定して「処分」と
定義づけていたが，一過的な権力的事実行為は，「処分」としての
性質を失うというよりも，あくまで狭義の審査請求の利益（撤廃の
利益）が消滅するに過ぎないことから，改正後はそのような規定は
削除されている。

　不作為についての審査請求について見ると，ここでいう「不作
為」とは，不作為全般ではなく，「法令に基づき行政庁に対して**処
分についての申請**」をしたにもかかわらず，応答がなされない場合
の「不作為」を対象とするため，同様に処分性が問題となる（なお，
事実行為は申請を前提としないため除かれる）。

| 適法要件②
審査請求人適格 |

処分についての審査請求における審査請求
人適格についても，**取消訴訟の原告適格と
同一**に解するのが判例・通説である。この
点，最判昭和53・3・14民集32巻2号211頁（主婦連ジュース事件）
は，不当景品類及び不当表示防止法（景表法）上の不服申立てに関
するものであるが，同法上の「『……不服があるもの』とは，**一般
の行政処分についての不服申立の場合と同様に**，当該処分について不

服申立をする法律上の利益がある者，すなわち，当該処分により自己の**権利若しくは法律上保護された利益を侵害され又は必然的に侵害されるおそれのある者**をいう」として，行審法上の審査請求にも妥当する一般論を提示している。そして，同判決は，取消訴訟の原告適格に関する以後の最高裁判例にも引用されており，審査請求人適格および原告適格に係るリーディングケースとしての地位を確立している。

　不作為についての審査請求に係る審査請求人適格は，不作為の違法確認訴訟と同様に，「法令に基づき行政庁に対して処分の申請をした者」（行審 3 条），つまり法令上の申請権を有し，かつこれを実際に行使した者に認められる。

> **適法要件③**
> **狭義の審査請求の**
> **利益**

狭義の審査請求の利益についても，取消訴訟および不作為の違法確認訴訟における狭義の訴えの利益と同様に解されている。したがって，処分の法効果が消滅している場合や，権力的事実行為が終了している場合，そして申請に対する何らかの応答がなされた場合など，審査請求を維持するだけの法律上の利益が認められない場合には，審査請求は却下される。

> **適法要件④**
> **審査請求期間**

処分についての審査請求に関しては，取消訴訟の出訴期間（行訴 14 条）と同様に期間制限が設けられている。すなわち，審査請求期間は，**処分があったことを知った日**の翌日から起算して **3 か月**以内にしなければならず（主観的審査請求期間，行審 18 条 1 項本文），また**処分があった日**の翌日から起算して **1 年**を経過するともはや審査請求をすることはできない（客観的審査請求期間，同法 18 条 2 項）。ただし，いずれも「正当な理由」がある場合には例外が認められて

いる（同条各項但書）。主観的審査請求期間は，旧法下では60日と
されていたが，より広く救済の機会を保障するため，改正法により
3か月に伸長された。

　主観的審査請求期間の処分があったことを「知った日」とは，原
則として処分の存在を現実に知った日を指すが，判例は「処分を記
載した書類が当事者の住所に送達される等のことがあつて，社会通
念上処分のあつたことを当事者の知り得べき状態に置かれたときは，
反証のない限り，その処分のあつたことを知つたものと推定するこ
とはできる」としている（最判昭和27・11・20民集6巻10号1038頁）。

　取消訴訟の出訴期間との比較でいうと，主観的審査請求期間が3
か月と，主観的出訴期間の6か月よりも短くなっている点，期間の
起算点が処分があったことを知った日または処分があった日の「翌
日」となっている点で違いがあるが，後者の点については，そもそ
も期間の起算については「初日不算入」（民140条本文）の原則があ
るため，実質的な違いはない。なお，審査請求が可能な場合，取消
訴訟の出訴期間の起算点は，裁決時に修正される（行訴14条3項参
照）。

　不作為についての審査請求の場合，不作為が継続する以上，審査
請求を認める必要があるため，審査請求期間は設けられてない。

| 適法要件⑤
審査請求をすべき行
政庁（審査庁） |

改正法は，4条で審査請求をすべき行政庁
を規定している。同条4号が1号から3号
に該当しない場合の包括規定となっており，
原則として処分庁の最上級行政庁が審査請求をすべき行政庁となる。
1号から3号は，処分庁（不作為庁を含む）に上級行政庁が存在しな
い場合（都道府県知事や市町村長などの首長のほか，都道府県の収用委員
会など）や，職務上の独立性を有する行政庁（宮内庁長官や外局の長，

主任の大臣など）の場合について規定されている。

その他の適法要件

不作為についての審査請求に固有の適法要件として，行審法は「相当の期間の経過」を求めている。これを経過していない時点でなされた審査請求は，不適法として却下される（行審49条1項）。不作為の違法確認訴訟においては，相当の期間の経過は本案勝訴要件とされているため，扱いに違いがある点は注意を要する。

（2）審理手続

審査請求における審理は，**図表8**のような流れで行われる。適宜参照し，審理手続（諮問手続を含む）の流れを視覚的に確認しながら読み進めて欲しい。

審査請求書の作成・提出

審査請求は，審査請求書の作成・提出（行審19条1項）によって開始される。もし審査請求書に記載漏れ等の瑕疵がある場合，審査庁は補正が可能な場合には補正を命じなければならず（同法23条・24条2項），いきなり補正を経ずに不適法な審査請求であるとして審査請求を却下することは認められていない（行手7条と比較）。補正を命じられたにもかかわらず，審査請求人が相当の期間内に不備を補正しないときは，審査庁は審査請求を却下することができる（行審24条1項）。

審理手続

審査請求書が提出されると，**審理員**が指名される（行審9条1項本文）。審理員制度は，審理手続の**公正性確保**のために改正法によって新設されたものである。審理員は，審査庁に所属する職員であって，審査請求に係る処分や不作為に係る処分に関与し，もしくは関与することとなる者以

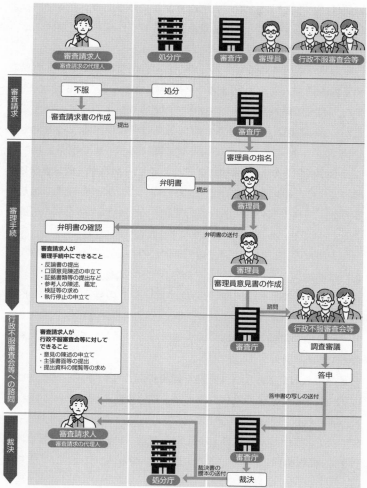

図表8 審査請求から裁決までの流れ

（出典）総務省ウェブサイト（行政不服審査法パンフレット〔詳細版〕3-4頁を基に作成）
https://www.soumu.go.jp/main_content/000835680.pdf

外の者から指名される。「審査庁に所属する職員」とあるが，常勤の職員である必要はなく，公正性をより高めるため，非常勤職員として弁護士などの専門的な知見を有する者を外部から登用する地方公共団体も存在している。

審理員が指名されると，処分庁からの弁明書の提出と，それに対する審査請求人からの反論書の提出手続へと入る（同法 29 条以下）。また，利害関係人も審理員の許可を得て審査請求手続に参加することができ（参加人，同法 13 条 1 項），意見書を提出することもできる（同法 30 条 2 項）。弁明書や反論書は必要に応じて再弁明や再反論といった形で何度かやり取りがなされることもあるが，**簡易迅速な審理**の実現のために，審査請求人，処分庁，参加人，審理員は相互に協力し，審理手続の計画的な進行を図らなければならない（同法 28 条）。

審査請求手続においては，**書面審理が中心**となるが，審査請求人または参加人から申立てがあった場合には，**口頭意見陳述**も実施される（同法 31 条 1 項）。口頭意見陳述は，全ての審理関係人を招集して行う必要があり（同条 2 項），申立人は審理員の許可を得たうえで，審査請求に係る事件について処分庁等に対して質問を発することもできる（同条 5 項）。

審査請求人や処分庁は，証拠を提出することができる（同法 32 条 1 項 2 項）。また審理手続においては，**職権主義**が採用されているため，審理員は，申立てがない場合であっても，物件の提出要求（同法 33 条），参考人の陳述および鑑定の要求（同法 34 条），検証（同法 35 条），審理関係人への質問（同法 36 条）を職権で行うことができる。

> ### コラム3-8　職権主義の内容
>
> 　行審法の審理手続の特徴として，職権主義の採用が挙げられる。すぐ上で指摘したように，審理員には，証拠調べに関し種々の職権による措置が認められており（職権証拠調べ），また，審理手続全体を通して職権により計画的な進行を行うことができる（職権進行主義。行審37条・39条・41条参照）。他方，同法が職権探知主義まで採用しているか否かについては議論がある。職権探知主義は，いわゆる弁論主義の対立概念であり，当事者の主張しない事実を認定し，判断の基礎とすることを認める考え方である。この点に関し学説は，審査請求手続が行政の自己統制の場でもあることなどを理由に，職権探知を認めており，判例も訴願法時代のものではあるが，これを認めたものが存在している（最判昭和29・10・14民集8巻10号1858頁）。

審理の終結　審理員は，必要な審理を終えたと認めるときは，審理手続を終結する（行審41条1項）。そして，終結後は遅滞なく審理員意見書を作成し，これを事件記録とともに，速やかに審査庁に提出しなければならない（同法42条1項2項）。

諮問手続　新設された審理員制度により，旧法下の制度に比して公正さの確保の課題は格段に改善されたが，審理員はあくまで審査庁の職員であるため，中立性という意味では限界がある。そこで，改正法は，**第三者機関への諮問手続**も新設した（行審43条以下）。この場合の第三者機関とは，審査庁が国の機関である場合は総務省の**行政不服審査会**であり，地方公共団体の機関である場合は当該地方公共団体に設置される機関（同法81条）である（行政不服審査会等〔同法43条1項4号〕）。なお，後

者の場合も，「○○県行政不服審査会」や「○○市行政不服審査会」といった名称となっていることが多い。

審査庁は，審査請求が不適法で却下される場合や，審査請求を全部認容する場合等を除き，原則として諮問をしなければならない（同法43条1項参照）。

行政不服審査会等にも職権による調査権限が与えられている（同法74条・81条3項）。また，審査請求人や審査庁から申立てがある場合で，審査会等が必要と認める場合，口頭意見陳述も実施される（同法75条）。必要な調査審議を終えた場合，行政不服審査会等は審査庁に対して答申を行う（同法79条参照）。

コラム 3-9　情報公開・個人情報保護審査会

　行審法の定める行政不服審査会等以外にも，個別法上，これと同様の仕組みが用意されている場合がある。その典型例は，行政機関情報公開法の定める，内閣府の設置する情報公開・個人情報保護審査会である。行政文書の開示請求を行った請求者は，当該請求に対する処分（不開示決定や部分開示決定など）に対し不服を有する場合，行審法に基づく審査請求が可能であるが，行政機関情報公開法は行審法の特例を定めており（行政情報公開18条以下），審理員制度は適用されず，また，審査請求が形式要件を充たさず却下される場合や，全部認容の裁決をする場合を除き，同審査会に義務的に諮問がなされる（同法19条）。情報公開・個人情報保護審査会による審査手続の特徴は，いわゆるインカメラ審理がなされる点にある（情報公開・個人情報保護審査会設置法9条1項2項）。このように，同審査会は特別の手続に基づき第三者的立場から審理を行うため，その役割は重要である。同審査会に対しては，個人情報保護法上の決定（個人情報の開示，訂正，利用停止の請求に対する決定）に不服がある場合にも，同様に諮問がな

される（個人情報 105 条 1 項）。

コラム 3-10　付言の重要性

　　行政不服審査会等の出す答申においては，しばしば答申書の末尾に「付言」が付される。付言は，行審法上明文で規定されているものではなく，行政不服審査会等が審査庁（ひいては処分庁）に対して出す事実上の意見である。したがって，その内容も多岐にわたりうるが，その多くは処分等について違法または不当とするほどではないが，実務の運用に改善すべき点が見られる場合に，当該改善を促す旨の内容となっている。

（3）　裁決・仮の救済

　審査庁は，行政不服審査会への諮問がなされている場合は答申を受けたとき，諮問がなされていない場合は審理員意見書が提出されたとき，遅滞なく裁決を行わなければならない（行審 44 条）。

> 処分についての審査
> 請求における裁決

処分についての審査請求がなされた場合，審査請求が不適法であれば**却下裁決**が（行審 45 条 1 項），審査請求に理由がなければ**棄却裁決**が（同条 2 項），審査請求に理由があれば，当該処分の全部もしくは一部を取り消し，またはこれを変更する**認容裁決**がなされる（同法 46 条 1 項）。また行審法は，事実行為に関して「撤廃」という概念を採用しており，（狭義の）処分に係る裁決と区別している（同法 47 条参照）。なお，処分または事実行為を変更等する場合，これを不利益に変更することは許されない（**不利益変更の禁止**，同法 48

条）。

棄却裁決には，いわゆる**事情裁決**（事情判決に関する本編第 2 章 4 も参照）も含まれる（同法 45 条 3 項）。また，**認容裁決に伴う措置**として，申請に対する拒否処分に係る審査請求に理由がある場合で，審査庁が，当該申請に対して一定の処分をすべきものと認めるときは，審査庁が処分庁の上級行政庁である場合，当該処分庁に対し申請を認容する処分をすべき旨を命ずることができ，審査庁が処分庁自身である場合，自ら当該処分をすることができる（同法 46 条 2 項 1 号 2 号）。申請型義務付け訴訟（→本編第 2 章 5 (2) (a)）の場合の義務付け判決に対応する救済方法である。これに対し，非申請型義務付け訴訟の場合の義務付け判決に対応する措置は，そもそも当該類型の審査請求が認められていないため存在しない。

> **不作為についての審査請求における裁決**

法令に基づく申請から相当の期間が経過しないで審査請求がなされたとき，その他審査請求が不適法な場合は却下裁決が（行審 49 条 1 項），審査請求に理由がない場合は棄却裁決が（同条 2 項），理由がある場合は当該不作為が違法または不当である旨を宣言する認容裁決がなされる（同条 3 項前段）。

認容裁決に伴う措置として，処分についての審査請求の場合と同様の仕組みが用意されている（同項後段）。

> **審理員意見書や行政不服審査会等による答申の扱い**

審理員意見書や，行政不服審査会等による答申は法的拘束力を有さないため，審査庁がこれらと異なる裁決を下すことは可能である。もっとも，裁決の主文がこれらの内容と異なる場合には，異なることとなった理由を裁決書において示さなければならない（行審 50 条 1 項 4 号かっこ書）。実務では，多くの場合で行政不服審査会

等の答申通りの裁決がなされているが，これと異なる内容の裁決が
なされることも全くないわけではない。

裁決の効力 裁決は，裁決書が審査請求人に送達された
時にその効力を生ずる（行審51条1項）。
裁決には，関係行政庁に対する**拘束力**がある（同法52条1項）。その
趣旨は，取消判決の拘束力と同じである（→本編第2章4）。^{⇒184頁}

そして，裁決も行政行為であるため，公定力および不可争力を有
し，争訟裁断的な行為であるため，不可変更力も有する（→第2編
第1章8）。^{⇒69頁}

仮 の 救 済 処分について審査請求がなされても，処分
の効力，処分の執行または手続の続行は妨
げられない（**執行不停止原則**，行審25条1項）。行審法は，この執行
不停止原則に対し，仮の救済手段として，行訴法と同様に**義務的な**
執行停止を定めるとともに，行審法固有の手段として**裁量的な執行**
停止も定めている。

すなわち，審査庁が処分庁自身であるかまたは処分庁の上級行政
庁である場合で，処分，処分の執行または手続の続行により生ずる
重大な損害を避けるために緊急の必要があると認めるときは，審査
庁は，公共の福祉に重大な影響を及ぼすおそれがあるかまたは本案
について理由がないとみえるときでない限り，処分の効力，処分の
執行または手続の続行の全部または一部の停止その他の措置をとら
なければならない（同条4項）。そして，審査庁は，義務的に執行停
止をしなければならない場合でなくとも，審査請求人の申立てまた
は職権により，必要があると認めるときに，同様の措置をとること
ができる（同条2項）。

なお，「その他の措置」とは，原処分に代わる仮の処分をするこ

とを指す。例えば，営業許可の取消処分に代えて，一定期間の営業の停止処分を行うような場合である。このような措置は，原処分とは異なる新たな処分をすることとなるため，審査庁が処分庁自身であるか，処分庁の上級行政庁である場合に限定される（同条 3 項）。

第4章

国家補償法

行政救済法は，行政活動そのものの是正を求める行政争訟と，行政活動により私人に生じた損害や損失の回復という金銭的救済を求める国家補償に大きく分かれる（→本編第1章）。国家補償は，違法な行政活動によって私人に損害が生じている場合の国または公共団体の賠償責任に関する国家賠償制度と，適法な行政活動によって私人に損失が生じた場合の金銭的補塡に関する損失補償制度の総称である。両制度の間には「谷間」と呼ばれ，一部重なり合いが問題となる場面もあるが，まずはそれぞれの仕組みの違いを意識しながら読み進めていってほしい。

1 国 家 賠 償

種類と典型例　　国家賠償法は，違法な公権力の行使に基づく責任（**公権力行使責任**。国賠1条1項）と，公の営造物の瑕疵に基づく責任（**営造物責任**。国賠2条1項）について規定している。前者は，民法709条および715条の特別法であり，後者は民法717条の特別法である。

例えば，都道府県知事により，あなたが経営するレストランに対し，違法な営業停止命令（食品衛生60条参照）がなされたとしよう。少しでも早く営業を再開したいあなたは，当該命令の取消訴訟（行

訴 3 条 2 項）を提起すると同時に執行停止（同法 25 条 2 項）を申し立てることを考えるはずである。しかし，これらの手段では実際に生じた営業損害の穴埋めをすることはできない。そこで，当該都道府県に対し公権力行使責任に基づく損害賠償請求をすることとなる。

　また，営造物責任の典型例としては，公の営造物たる道路に瑕疵がある場合が挙げられる。例えば，記録的な豪雨により発生した土砂崩れが道路（国が設置管理する道路と仮定する）にまで及び，そこを通行していた車が巻き込まれた結果，運転者が死亡したという事案を想定しよう。この場合，遺族は，道路管理に瑕疵があった（土砂崩れの発生を予見して道路の崖面に防護覆を設けるべきであったのにそれを怠っていたとか，少なくとも一時的に通行止めにすべきであったのにそれを怠っていたなど）と主張して，営造物責任に基づき，国に対し損害賠償を求めることができる。

> **経　緯**

大日本帝国憲法下においては，国または公共団体の賠償責任について特に定めた法律は存在していなかった。そして，国または公共団体が私人と同様の立場で行う行為（私経済作用）の場合や，私人と異なる立場で行う行為（公行政作用）であっても非権力的なものについては，民法の不法行為責任に関する規定（民 709 条・715 条・717 条など）を適用することで責任を問うことが可能であったが，行政処分などの権力的公行政作用については，国または公共団体は一切責任を負わないという考え方が支配的であった（国家無答責の法理）。

　他方で，戦後制定された日本国憲法は，その 17 条で国または公共団体の賠償責任について定めており，これを受けて制定された**国家賠償法**は，権力的公行政作用も対象に含めた。これにより，国家無答責の法理は明確に放棄されることとなった。

コラム 3-11　　徳島市遊動円棒事件

徳島市立小学校に設置されていた遊動円棒（丸太の両端を鎖で吊るした横向きのブランコのようなもの）の支柱が老朽化により腐食していたことから，同遊具で遊んでいた男子児童が投げ出され死亡した事故に関し，大審院は，民法 717 条を適用して遺族の市に対する損害賠償請求を認容した（大判大正 5・6・1 民録 22 輯 1088 頁）。この判決以降，公行政作用であっても非権力的なものについては国または公共団体の責任が認められるようになり，この判決は，国家無答責の法理の範囲を限定するきっかけとなったと評価されている。なお，今日では，このような施設管理等に関する責任については，国家賠償法 2 条の営造物責任の規定によって処理されている（→本章(2)）。⇒249頁

（1）　公権力行使責任（国家賠償法 1 条 1 項）

（a）　責任の性質

> 代位責任説と自己
> 責任説

公権力行使責任をめぐっては，なぜ，加害行為を行った公務員自身とは異なる法主体である国または公共団体が責任を負うのかという理由付けに関して，**代位責任説**と**自己責任説**という 2 つの異なる説明の仕方がなされてきた。代位責任説は，加害者である公務員個人が本来負うべき責任を，国または公共団体が代わって（代位して）負うとする説であり，自己責任説は，国または公共団体が公務員を使用する以上，一定の危険が伴うのであるから，その危険が具体化した場合には国または公共団体が固有の責任（自己責任）を負うべきとする説である。国家賠償法 1 条 1 項が公務員の故意・過失を要件としていることなどから，一般的に，同法は代位責任説に

立脚しているとされるが，いずれの説に立つかを明確に述べた判例
は存在していない。

コラム 3-12　責任の性質論と派生問題

　　代位責任説では，公務員に生じた責任は国または公共団体によって
代わりに果たされると考えるため，当該公務員個人は免責される——
公務員個人に対する被害者の請求は認められない——こととなる（な
お，このような帰結を支持する学説上の論拠としては，①国または公共団
体から確実に賠償が得られる以上，被害者の救済の観点からは個人責任を
認める必要がない，②公務員の積極果敢な公務の執行が萎縮される，など
といったものがある）。これに対し，自己責任説では，公務員個人の責
任と，国または公共団体の責任は別個に生ずると考えることから，そ
のような免責は認められない。判例は，上で指摘したとおり両説の内
のどちらの立場をとるか明確に述べたことはないが，公権力行使責任
の要件が満たされる場合に，公務員個人はその責任を負わないとして
おり（最判昭和 30・4・19 民集 9 巻 5 号 534 頁参照），この判断は確た
る判例法理となっている。このような個人免責は，警察や消防のよう
に実力行使が求められる分野においては，過度な萎縮防止の観点から
一定の合理性が認められるが，他方で，学校における教育活動など，
民間の組織が行う場合とほとんど内容が異ならない分野においては，
疑問も呈されている。
　　また，代位責任説に立つならば，責任を発生させた加害公務員が特
定される必要があると考えるのが自然であるが，判例は，複数の公務
員のいずれかの行為によって損害が発生しているといえる場合には，
加害公務員の特定は必ずしも要しないとしている（もっとも，それら
の公務員が同一の行政主体に属することは必要とする。最判昭和 57・4・
1 民集 36 巻 4 号 519 頁参照）。このように，判例は責任の性質論に拘泥
するのではなく，むしろ柔軟に事案の解決を図っているといえよう。
　　以上の点に関連し，近時の最高裁判決である最判令和 2・7・14 民
集 74 巻 4 号 1305 頁の宇賀克也裁判官による補足意見は，加害公務員

の特定を不要とした上記昭和57年最判等に触れ，「代位責任説，自己責任説は，解釈論上の道具概念としての意義をほとんど失っているといってよい」とも指摘している。

(b)　公権力行使責任の要件

> **要　件**

国家賠償法1条1項は，①「国又は公共団体」の②「**公権力の行使**」に当たる③「公務員」が，④「**その職務を行うについて**」，⑤「**故意又は過失**」によって⑥「**違法に**」他人に⑦「**損害**」を加えたときは，国または公共団体が賠償責任を負うと規定している。そのほか，一般の不法行為（民709条）の要件である「因果関係」も認められる必要があるが，⑦の損害要件も含め，民法と考え方は大きく異ならないのでここでは扱わない。

> **公権力の行使（②）**

まず，最も重要な「公権力の行使」要件について取り上げる。この要件が認められるか否かで，国家賠償法が適用されるか民法が適用されるかが決まるため，いわば分水嶺としての役割を果たす要件といえる。

　「公権力の行使」という用語は，行政事件訴訟法，行政不服審査法，そして行政手続法といった他の法律でも見られるが，国家賠償法上のそれは，これらの法律が意味する内容と異なるので注意してほしい。すなわち，これらの法律に規定される「公権力の行使」がいわゆる「行政処分」（→本編第2章2(1)）を意味するのに対し，国家賠償法1条1項の「公権力の行使」は，より広く，**純然たる私経済作用と国家賠償法2条1項の営造物の設置・管理行為を除く全ての公行政作用**を含むと解されている（広義説）。国家賠償制度において

は，被害者の救済をより広く認めるため，同じ用語であるにもかかわらず，このように異なる意味に解釈されている。

　その結果，行政指導や公的な情報提供行為（例えば，公立学校の給食で提供された特定の食品が病原菌に汚染されていたと発表する行為）といった単なる事実行為も，同項の「公権力の行使」に当たることとなる。また判例によれば，作為のみならず，行使すべき権限を行使しないという不作為（規制権限の不行使）も「公権力の行使」に含まれ，そのほか，行政権による行為のみならず立法権による立法行為（立法不作為を含む）や司法権による裁判行為も対象となる。

コラム 3-13　立法権や司法権の行為に係る責任と判例

　立法行為に関するリーディングケースは，在宅投票制度の廃止に係る最判昭和 60・11・21 民集 39 巻 7 号 1512 頁である。同最判は，国会議員が国民に対して負う責任は第一次的には政治的責任であることを強調し「国会議員の立法行為は，立法の内容が憲法の一義的な文言に違反しているにもかかわらず国会があえて当該立法を行うというごとき，容易に想定し難いような例外的な場合でない限り，国家賠償法 1 条 1 項の規定の適用上，違法の評価を受けない」として，責任が実際に認められる場面をかなり限定していた。その後，在外邦人選挙権訴訟判決（最大判平成 17・9・14 民集 59 巻 7 号 2087 頁）は，「立法の内容又は立法不作為が国民に憲法上保障されている権利を違法に侵害するものであることが明白な場合や，国民に憲法上保障されている権利行使の機会を確保するために所要の立法措置を執ることが必要不可欠であり，それが明白であるにもかかわらず，国会が正当な理由なく長期にわたってこれを怠る場合などには，例外的に，国会議員の立法行為又は立法不作為は，国家賠償法 1 条 1 項の規定の適用上，違法の評価を受ける」として，（判例変更とはしていないものの）やや責任の限定を緩めている。近年では，最高裁判事に対する在外邦人の国民審

査権の行使に係る最大判令和4・5・25民集76巻4号711頁（国民審
査権訴訟）が，同様の判断枠組みを維持しながら国の賠償責任を認めた。
　司法権との関係では，誤判をめぐる損害賠償責任が問題となった最
判昭和57・3・12民集36巻3号329頁がリーディングケースである。
同最判は，「〔裁判行為につき〕責任が肯定されるためには，当該裁判
官が違法又は不当な目的をもって裁判をしたなど，裁判官がその付与
された権限の趣旨に明らかに背いてこれを行使したものと認めうるよ
うな特別の事情があることを必要とする」として，単に上訴理由にな
るような瑕疵が裁判に存在するだけでは違法とならないとしている。

> **国又は公共団体・**
> **公務員**（①・③）

これらの要件は，その用語自体が重要なわ
けではない。例えば，民間の団体たる弁護
士会も，所属弁護士に対し行う懲戒処分は
「公権力の行使」に当たるとされており，この場合「公共団体」と
して扱われる。また，「公務員」についても，実際に国または公共
団体によって任用される国家公務員や地方公務員である必要はない。
公権力の行使を行う者であれば，国家賠償法上の公務員とされる。
したがって，これらの要件との関係においても，重要となる概念は
「公権力の行使」ということになる。

　判例では，県知事による児童福祉法27条1項3号に基づく入所
措置（入所処分）によって民間の社会福祉法人が運営する児童養護
施設に入所した児童が，同様の措置で入所していた他の児童らによ
って暴行を受け重度の後遺障害を負ったため，当該施設職員の注意
義務違反を主張し，当該県および法人に対し損害賠償を求めた事案
において，措置によって入所した児童の養育監護は本来（都道府）
県が行うべき事務であり，民間施設の職員が行う場合でも「公務
員」による「公権力の行使」に当たると判断し，県の責任を認めた

ものがある（最判平成 19・1・25 民集 61 巻 1 号 1 頁。ただし，法人の責任は否定されている〔下記**コラム 3-14** 参照〕）。

コラム 3-14　**事務の帰属と責任主体**

　弁護士会は，「公権力の行使」として懲戒処分を行うため，民間団体ではあるが「公共団体」に当たり責任主体になると本文で指摘した。他方で上記平成 19 年最判の事案では，「公権力の行使」を行う従業員が所属する社会福祉法人の責任は認められず（その論拠については，一般的に，公務員の個人免責〔→**コラム 3-12**〕と同様の議論が妥当する^{⇒236 頁}とされている），県が責任主体になると指摘した。これは矛盾しているわけではなく，そもそも当該「公権力の行使」に関わる事務がどこに帰属するかの違いによる。弁護士会の場合，懲戒に関する事務は，当該弁護士会固有の事務とされる（通常，国家資格である士業は関係省庁の監督下に置かれるが，弁護士は例外的に高度な自治権が認められており，所属弁護士に対する監督権限も，省庁から委譲されているわけではなく，弁護士会が固有に有する）。これに対し，上記判例の事案の場合，措置により入所した児童の養育監護は，本来（都道府）県の事務とされ，社会福祉法人はその権限の委譲を受けたにすぎない。そのため，県が責任を負うとされたのである。

その職務を行うについて（④）

　国または公共団体の責任が認められるためには，加害行為が，公務員の職務上の行為としてなされた必要がある。これは，民法 715 条の定める使用者責任の「事業の執行について」という要件と同じ趣旨と解されている。

　この点に関し，判例は，真に職務上の行為である必要はなく「客観的に職務執行の**外形**をそなえる行為」によって私人に損害が生じ

た場合には，国または公共団体が責任を負うとしており，非番の警察官が，私欲を満たす意図で，制服制帽を着用し所持品検査を装ったうえで，同僚の警察官から盗んだ拳銃で被害者を殺害し金品を強奪したという事案において，国家賠償法の適用を認めた（**外形標準説**。最判昭和 31・11・30 民集 10 巻 11 号 1502 頁）。もっとも，この判例の理屈をそのまま機械的に適用すると，国または公共団体の責任が肯定される場合が過度に広がることから，学説においては，ⓐ加害者が「公務員（＝本来，その公権力の行使を行うことができる者）」であること，ⓑ当該加害行為が，外形上その公務員の職務行為の範囲内であること，といった制限を課すのが一般的である（宇賀・概説Ⅱ）。その結果，上記判例の事案においても，既に警察官を退職した者がかつての制服制帽を着用して行為に及んだ場合や（ⓐに不適合），現職の警察官であっても，職務質問を装うことなくいきなり被害者を射殺して金品を強奪した場合は（ⓑに不適合），本要件を満たさないこととなる。

| 違法に（⑥） |

順序は前後するが，「過失」要件とも関わる要件であるため，「違法性」要件について先に説明することとする。

　国または公共団体の責任が認められるためには，公務員による加害行為が違法である必要がある。極めて当たり前の要件のように思えるが，不法行為責任について定める民法 709 条には「違法」という言葉は用いられておらず，これは解釈上の要件として学説上指摘されてきたものである。その議論を踏まえ，国家賠償法においては明文で「違法性」要件が規定された。

　違法性要件に関しては，公務員が，法令等の客観的な法規範に違反して公権力を行使した場合に違法性が認められるとする見解（**公**

権力発動要件欠如説）と，公務員が職務上尽くすべき注意義務を尽く
さなかった場合に違法性が認められるとする見解（**職務行為基準説**）
が存在している。前者の説は，法規範違反行為に着目することから，
この場合の「違法性」は，取消訴訟で争われる場合の違法性（→本
編第 2 章 3 (1)）と同じ意味になる（そのため，違法性一元説や違法性同
一説などと呼ばれることもある）。これに対し後者の説は，注意義務違
反という過失（後述）と同様の要素を要求するため，加害行為が客
観的には法令に違反していたとしても，当該公務員が注意義務を尽
くしていた場合には違法とされないこととなる。そのため，取消訴
訟における違法性とは異なる意味で違法性要件を観念することにな
る（したがって，違法性相対説と呼ばれることもある）。

　もっとも，両説は完全に対立関係にあるわけではなく，事案によ
って使い分けられているというのが実情である。かつての裁判例の
大勢は，基本的に公権力発動要件欠如説に立ちつつ，検察官による
公訴提起や国会議員による立法行為，そして裁判官による裁判行為
などのように限られた場面においてのみ職務行為基準説を採用する
姿勢を示していた。ただ，最判平成 5・3・11 民集 47 巻 4 号 2863
頁（奈良民商事件）が，一般的な税務行政の場面においても職務行
為基準説を採用するなど，近年は同説の採用場面がかなり増加して
いる。判例の両説の使い分けには必ずしも統一性があるわけではな
いとの指摘もあるが，公権力の行使に当たり，法規範により公務員
に課された明確な行為義務が見出し難い場合や，当事者の主張する
被侵害利益を個別の法が特に保護しているとは言い難い場合には，
同説の採用が有意と考えられる。

　なお，公権力発動要件欠如説に立つ比較的近時の最高裁判決とし
ては，国民健康保険法の解釈が争われた最判平成 16・1・15 民集

58 巻 1 号 226 頁や，接見設備がないことを理由に弁護人と被告人との接見を拒否したことが問題とされた最判平成 17・4・19 民集 59 巻 3 号 563 頁などが挙げられる。

コラム 3-15　学説の名称の（一応の）整理

　本文において，公権力発動要件欠如説の別称として「違法性一元説」を挙げたが，基本書や教科書の中には職務行為基準説が違法性要件と過失要件とを一元的に判断する考え方であることから，こちらに「違法性一元説」という名称を当てるものも存在する（この整理に従うと，公権力発動要件欠如説は違法性要件と過失要件とを二元的に判断するため「違法性二元説」という別称が当てられることとなる）。このように「どの要件が，どのように（つまり一元的ないし二元的に）検討されるか」という視点から「〇元」といった表現をするものとしては，民法の不法行為法における学説の名称でも見られる（平井宜雄教授が提唱した過失一元説〔新過失論〕や，前田達明教授が提唱した違法性一元説〔新違法性論〕など）。

　名称のつけ方の問題であるため，いずれが適切というものでもないが，民法上の議論と混同を避ける点から，本書では「公権力発動要件欠如説」に「違法性一元説」という別称を当てることとする。

コラム 3-16　職務行為基準説が妥当する場合の具体例

　本文で指摘した「法規範により公務員に課された明確な行為義務が見出し難い場合」とはどのような場合か，具体的な例で考えてみよう。個別行政法は，例えば不利益処分のような典型的な規制権限の行使を行う公務員に対しては，国民の権利利益を不当に侵害することのないよう履行しなければならない種々の行為義務（法的な行動ルール）を定めている。要件を満たす処分をしなければならない，実体判断に当

たり適切な利益衡量を行わなければならない，適正な手続を踏まなければならない，といった具合である。他方で，そのような規制権限を行使する場面ではなく，単なる行政サービスを行う際に不幸にも事故が生じてしまった場合はどうだろうか。例えば，小学校で発生した集団食中毒について，国が，国民への迅速な情報提供を重視するあまり，十分な調査・検討を経ないまま，特定の食品が原因食材である可能性が高い旨公表した結果，事件とは直接関係しない，同じ食品を製造・販売する他の事業者に風評被害が発生したケースを考えてみよう（東京高判平成 15・5・21 判時 1835 号 77 頁参照）。このような情報提供型の公表には法律の根拠は不要とするのが通説であり，実際の事案でも，具体的な公表のあり方について法は何ら定めを置いていなかった。したがって，このような場合には，客観的な法規範違反の有無ではなく，公表の目的，方法等に照らして，他の事業者らに迷惑が及ばないように配慮する職務上の「注意義務」が尽くされていたか否かをもって違法性の有無を判断せざるを得ないこととなる。

　また，「被侵害利益を個別の法が特に保護しているとは言い難い場合」については，本文で触れた奈良民商事件が参考になる。同事件では，違法な課税処分によって過大に支払うこととなった金銭的な損害は他の手段によって既に回復済みであったため，国家賠償請求では，慰謝料や弁護士費用等の請求がされていた。租税法（この事件では所得税法）は，違法な課税および徴収によって国民が不当な損害を被ることのないよう，その財産権を保護するものであるが，納税者の精神的平穏まで保護範囲に含むものではない。このような場合に，法規範違反行為があったかを検討しても，その違反は，当事者の主張する被侵害利益に直結しないこととなる。そこで，いわゆる注意義務違反があったかが問題とされる。

| 規制権限の不行使と違法性 | 「公権力の行使」の説明において，規制権限の不行使にも触れた。規制権限の不行使は不作為であるため，法令によって明確に |

権限の行使が義務付けられているような場合を除き，当該不行使が
いかなる場合に「違法」となるのか，この場合も分かりにくい。ま
ず，問題となる場面を整理しておこう。規制権限の不行使が問題と
なる典型場面は，私人（名宛人）Aによって私人（第三者）Cが何ら
かの被害を受けている場合において，Aに対する規制権限を有する
行政庁Vが当該権限を行使しない場面（タイプ4）である。

　タイプ4が妥当するほとんどの場合において，Cに権限発動に関
する法令上の申請権が認められることはなく，職権を発動すべきこ
とを事実上申し出ることができるだけである。したがって，Vが規
制権限を行使するか否かはもっぱらVの裁量（特に効果裁量）に委
ねられることとなり，これを行使しなくても直ちに「違法」との評
価を受けるわけではない。

　この点に関し判例は，「その権限を定めた法令の趣旨，目的や，
その権限の性質等に照らし，具体的事情の下において，その不行使
が許容される限度を逸脱して著しく合理性を欠くと認められる」場
合，すなわち消極的に裁量権を濫用したと認められるような場合に
限り違法性が認められるとしている（最判平成16・10・15民集58巻7
号1802頁〔水俣病関西訴訟事件〕）。そして下級審の中には，これをさ
らに具体化して，①危険が切迫していること，②危険の予見可能性
があること，③結果回避可能性があること，④他に採り得る手段が
ないこと（補充性）などの要件を要求するものがある（なお，結果回
避可能性が認められないために，規制権限の不行使を理由とする損害賠償
責任の発生を否定したと考えらえるものとして，最判令和4・6・17民集76
巻5号955頁〔福島原発国賠請求事件〕がある）。予見可能性や結果回
避可能性は，後でみる「過失」の要素であり，ここでも注意義務違
反が問題とされていることが分かる。

その他，行政処分以外の例として，省令制定権限の不行使を違法
とした，最判平成16・4・27民集58巻4号1032頁（筑豊じん肺事
件），最判平成26・10・9民集68巻8号799頁（泉南アスベスト事
件），最判令和3・5・17民集75巻5号1359頁（建設アスベスト事
件）などがある。

コラム3-17　国家賠償と反射的利益

　規制権限の不行使の問題に関連して，当該権限を定める法が，被害
者の利益を個別的にも保護しているのか，あるいは公益の実現を目的
とするにすぎないのかが問題となることがある。すなわち，公益実現
の結果，反射的に保護されるにすぎない利益との関係で規制権限の不
行使の是非が問題となる場面においては，当該不行使が違法となるこ
とはないという議論（反射的利益論）である。

　反射的利益論は，本来取消訴訟における第三者の原告適格（→**本編
第3章2(2)**）の有無の判断において採用されている考え方であり，
訴訟要件がほとんど問題とならない国家賠償訴訟に導入することには
反対する見解も根強く，規制権限の不行使の文脈で明確に反射的利益
論を採用した判例も存在しない（もっとも，最判平成元・11・24民集
43巻10号1169頁は，宅地建物取引業法が免許制を採用した趣旨は取引
の公正さの確保等の公益の実現にあるとし，悪質な業者との関係で，免許
を付与ないし更新する行為それ自体は，仮に免許基準に適合しない場合で
あっても，個々の取引関係者に対する関係において直ちに国家賠償法上違
法な行為に当たるものではない，とする限りで，保護利益に係る法の目的
に言及する）。

| 故意・過失（⑤） |

故意とは，自らの行為によって損害が発生
することを認識しつつ，それを認容して行
動することであり，過失とは，損害の発生を予見することができ

（**予見可能性**），かつ回避することも可能であったのに（**結果回避可能性**），それを回避しなかった注意義務違反（**結果回避義務違反**）のことをいう（最判昭和58・10・20民集37巻8号1148頁参照）。いずれの要件も，本来は行為者の主観面を問題とするものであるが，主観的要素は訴訟における立証が困難なため，判例および学説は，以上のようにこれらをなるべく客観的な要件として捉え直してきた。

　なお，違法性要件において職務行為基準説が採用される場合には，過失の要素もそこで検討済みとなるため，多くの場合，改めて過失の判断がなされることはない。

> **組織過失**

組織過失とは，直接の加害公務員のみならず，その上司や部下，ひいては組織全体において過失の存在を捉える考え方のことである。代位責任説に立てば，過失の有無は直接の加害公務員に関し判断されるのが原則であるが，これを貫徹すると，例えば行政処分を行政庁（上司）が行うに当たり，補助機関（部下）が調査不足などから判断ミスを犯していた場合，公権力の行使をした行政庁（加害公務員）自身には過失がないということになりかねない。そこで，このような場合には部下の過失をもって過失要件は充足されると考えるのである。その根底には，行政活動はチームプレイによって成り立っているとの理解があるといえる。裁判例には，予防接種禍をめぐり，厚生大臣（当時）の過失を認めたものがある（東京高判平成4・12・18判時1445号3頁など）。予防接種は市町村単位で実施されるが，その実施体制の構築は当時の厚生省（国）が行っていたことから，厚生大臣に過失を認め，国の責任が肯定された。

（c）　その他の問題

| 公務員への求償 |

コラム 3-12^{⇒236頁} において公務員個人の免責について説明したが，これは，対被害者との関係において責任を負わないという意味での免責であり，被害者に対して国または公共団体が賠償責任を負った場合に，国または公共団体が，公務員個人に対して求償を行うことは認められている（国賠1条2項）。もっとも，職務遂行が過度に萎縮されることを避けるため，求償権の行使には，公務員個人に「故意又は重大な過失」があったことが要件とされている。また，民法 715 条 3 項の定める使用者の被用者に対する求償権の行使と同様，「損害の公平な分担という見地から信義則上相当と認められる限度において」（最判昭和 51・7・8 民集 30 巻 7 号 689 頁参照）求償権が認められるというのが判例の考え方である（もっとも，最判平成 29・9・15 判時 2366 号 3 頁は，信義則による求償権行使の制限が認められるには，それを正当化する具体的な事情が必要であるとする）。なお，求償権の行使に関しては，国または公共団体はこれまで消極的な姿勢を示すことが多く，実際にこれが行使される例は極めて少なかったが，近時，その権利行使の懈怠が住民訴訟において争われる例が徐々に見られ始めている（最判令和 2・7・14 民集 74 巻 4 号 1305 号等。住民訴訟については本編第 2 章 8（1）参照^{⇒212頁}）。

| 取消訴訟との関係 |

国家賠償請求は金銭的救済を求めるものであり，行政処分の違法是正や効力の否定を求めるものではないから，事前に取消訴訟等により処分の取消しを得ていなくても，原則として直接国家賠償請求訴訟を提起可能である。もっとも，例えば違法な課税処分によって税金を払い過ぎていることが判明したような場合に，出訴期間の経過などを理由に取消

訴訟を経由せず，直接国家賠償請求訴訟を提起し勝訴すると，結果として課税処分を取り消さずに過納分の金銭の返還を受けることと同じになり，取消訴訟制度が厳格な出訴期間規定を設けた趣旨に反するようにも思われる。ただ判例は，そのような場合であっても原則通り国家賠償請求が可能であるとしている（最判平成 22・6・3 民集 64 巻 4 号 1010 頁〔冷凍倉庫事件〕）。取消訴訟制度と国家賠償制度の趣旨・目的の違いや，勝訴判決を得るための要件の違い（故意・過失要件の要否など）に着目した判断と考えられる。

（2） 営造物責任（国家賠償法 2 条 1 項）

（a） 一 般 論

> 工作物責任（民法 717 条）との関係

国家賠償法 2 条 1 項は，公の営造物の設置または管理に瑕疵があったために損害が生じた場合の国または公共団体の責任（営造物責任）について規定する。本節の冒頭で述べたように，これは民法 717 条の定める**工作物責任の特別法**である。戦前においても，非権力的公行政作用については民法を適用することにより損害を被った国民の救済を図っていたが（→コラム 3-11），戦後，道路や河川といった「工作物」と言えないものの瑕疵に起因して生じた損害についても賠償責任を認める必要性が認識され，国家賠償法が制定されるに際し，「工作物」のみならずこれらも含めた「公の営造物」に係る賠償責任に関しては，同法 2 条により処理されるものとして一本化された。したがって，営造物責任は基本的には工作物責任の性格を引き継ぐものであり，いわゆる危険責任原理に基づく**無過失責任**主義を採用している（もっとも，後述の通り，判例は実質的には過失的要素を加味して瑕疵の有無を判断していると指摘されている）。

　このように工作物責任と営造物責任は多くの共通点を有しているが，営造物責任では不動産のみならず動産の瑕疵も対象とされること，工作物責任には認められる占有者の免責（民717条1項但書）が営造物責任では認められないこと，そして営造物責任では費用負担者の責任（国賠3条）が認められることなどから，**営造物責任の方が工作物責任よりも一層被害者の救済に配慮した制度設計**がなされている。

(b)　営造物責任の要件

> 要　　件

　国家賠償法2条1項は，①「**公の営造物**」の②「**設置又は管理に瑕疵**」があった③「**ために**」，④他人に「**損害**」を生じたときは，⑤「**国又は公共団体**」が賠償責任を負うと規定している。ここでも，公権力行使責任と同様に，③の因果関係と④の損害については民法と考え方は大きく異ならないので扱わないこととする。

> 公の営造物　（①）

　伝統的な理解によれば，公の営造物とは，**国または公共団体によって設置管理され，公の用に供されている有体物**を言い，理論上の「**公物**（行政主体によって直接公の用に供されている有体物）」概念と一致する。公物は，その生成の経緯から分類すると人工公物（道路，市役所の庁舎など）と自然公物（河川，海浜など）に分かれるが，いずれも公の営造物に当たる。なお，そもそも供用開始決定が予定されていない自然公物ですら「公の営造物」とされることから，道路のような人工公物であっても，供用開始決定は不要と解されている（事実上公の用に供されていればよい）。

　また，固体のみならず（河川の流水やため池のような）液体も含まれる。そして，上でも少し触れたように，公の営造物は不動産に限

られず，**動産**（自動車や拳銃など）も含まれる。さらに，国公有財産である必要はなく，私有財産であっても，賃借権のような何らかの権原に基づき，国または公共団体によって公の用に供されている場合には，当該財産も「公の営造物」に当たる。

　他方，国または公共団体が管理していても，公の用に供されていない有体物（例えば，供用の廃止された防空壕など）は，原則として「公の営造物」に該当しない。もっとも，土地の工作物（民717条）に当たる場合には当該規定に基づき責任を追及することができる。

コラム 3-18　**動産と営造物責任**

　公の営造物に動産も含まれる結果，公権力行使責任と営造物責任の棲み分けに関しやや難しい問題が発生する。警察署において空のホルスターのみを収納し，中の拳銃を無断で警察官が持ち出して犯罪に用いたという事件が実際にあったので（大阪高判昭和62・11・27判時1275号62頁参照），それを例に検討してみよう。

　この事件では，加害公務員の上司が警察署内において拳銃の収納に立ち会った際に，ホルスターの内部に本当に拳銃が収納されているか確認すれば持ち出しは容易に防げたにもかかわらず（なお，当時のホルスターは拳銃そのものを覆い隠す形状をしていた），それを怠ったという事実が認定され，拳銃の設置または管理に瑕疵があったとされた。もっとも，国家賠償法1条1項の「公権力の行使」に関する広義説（→本章1(1)(b)）に立つと，このような上司の収納監督行為は「公権力の行使」にも該当することとなる。その結果，公権力行使責任と営造物責任のいずれの責任を認めるべきかという選択問題が発生してしまうのである。そこで学説では，動産の場合に営造物責任が認められるのは，例えば，拳銃が欠陥により暴発した結果第三者が被害を受けた場合のように，それ自体に構造上・機能上の欠陥があるような場合に限定すべきといった見解も主張されている（宇賀・概説Ⅱ）。

| 国又は公共団体 (⑤) |

②の要件の紹介はやや長くなるため，先に⑤に触れておく。公権力行使責任の場合，「国又は公共団体」という要件は「公権力の行使」概念に依存するため，当該要件自体は独自の意義をほとんど有さないが，営造物責任においては，そのような依存すべき概念が存在しないため，そのまま「国又は公共団体」という言葉の意味が問題となる。そして，有力な見解は，営造物責任における「国又は公共団体」は，いわゆる**行政主体**（→第 1 編第 5 章 1）^{⇒25 頁}を意味すると解している（塩野・行政法Ⅱ）。

| 設置または管理の 瑕疵 (②) |

判例によれば，設置または管理の「瑕疵」とは，「営造物が**通常有すべき安全性を欠いていること**」を言い（最判昭和 45・8・20 民集 24 巻 9 号 1268 頁〔高知落石事件〕)，この「通常有すべき安全性」の欠如の有無は，「当該営造物の**構造，用法，場所的環境及び利用状況等諸般の事情を総合考慮して具体的個別的に判断すべき**」という具体的判断基準によって判断される（最判昭和 53・7・4 民集 32 巻 5 号 809 頁）。

　「瑕疵」という言葉からは，物理的欠陥をイメージしがちであるが，それに限らず，不注意によって設置・管理行為が不十分であったために事故が発生した場合や，当該営造物を目的に沿って利用ないし運用することにより第三者に損害を生じさせた場合（後述する供用関連瑕疵）も含まれる。また，判例（高知落石事件）は，本責任を無過失責任とするものの，設置・管理者の不注意が営造物責任の原因となり得ることからも分かるように，瑕疵の有無に関する実際の判断においては，結果発生に対する設置・管理者の**予見可能性**および**結果回避可能性**が考慮されることもあり，単なる結果責任を認

めるものではない点に注意してほしい。

予見可能性

予見可能性が問題となった具体例を見てみよう。ある家族が市民に開放中の市立中学校の校庭でテニスをしていたところ，5歳の子どもが審判台に昇って座面の後方から飛び降りようとしたため，審判台が倒れ，その下敷きになって同児が死亡したという事案がある。原審判決は，子どもがテニスの審判台をジャングルジムのようにして遊ぶことも予測し得るとして，転倒防止策などを講じていなかった市の責任を肯定したが，最高裁は，階段による昇り降りという「**本来の用法**」に従えば安全である審判台について，児童の異常な行動まで予測して安全策を講じる注意義務は市には認められないとして，責任を否定した（最判平成5・3・30民集47巻4号3226頁）。上記の具体的判断基準のうちの「（本来の）用法」に着目しつつ，児童の**異常な行動**が介在した場合には，結果に対する予見可能性を否定した判断といえる。

　もっとも，最高裁も，3歳児が公園横に設置された約1.8メートルの金網フェンスをよじ登り，隣接するプールに侵入し転落して死亡したという事案において，子どもにとってプールは「誘惑的存在」であるとして，単にその程度の高さの金網フェンスで隔てるだけでは通常有すべき安全性を欠いていたとして瑕疵を認めている（最判昭和56・7・16判時1016号59頁）。高さについては程度問題であるので適正な数値を導くのは難しいが，例えば金網に足が掛からないように網目を小さくしたりするような工夫も必要だったということになろう。

　いずれにせよ，両事案とも子どものやや異常な行動が介在するものではあるが，判例は，事案の特徴に照らして「具体的個別的に」予見可能性を判断しているといえる。

| 結果回避可能性 | 判例は，人工公物である道路に関しては，

比較的緩やかに「瑕疵」を認定し，国または公共団体の責任を肯定する傾向にある。道路に何らかの構造上の欠陥が生じているケースはもちろん，記録的大雨などの天災により事故が発生するおそれがあるようなケースでも，結果の発生をある程度予測できる場合には，事前に通行止めにさえしておけば事故の発生を回避することが比較的容易なためである。

　もっとも，物理的に対応が不可能な場合にまで責任が肯定されるわけではない。例えば，工事中の県道に設置されていた赤色灯やバリケードが転倒していたところ，当該道路を走行していた普通自動車が，それらの障害物を避けようとしてハンドル操作を誤り，道路脇3メートル下の田んぼに車ごと転落した結果，助手席に同乗していた被害者が死亡したという事案において，最高裁は，赤色灯等を転倒させたのが直前に走行していた他車であったことから，県が当該道路の現状を回復させ，道路を安全な状況に保つことは時間的に不可能であったとして，その責任を否定している（最判昭和50・6・26民集29巻6号851頁）。

　このように，結果回避可能性との関係では，対応策をとることが果たして可能であったか否かという，具体的な**事実関係の評価**が重要となる。判例は，故障が生じた大型貨物自動車が，国道の中央線寄りに87時間放置された結果，当該貨物自動車の荷台に原動機付自転車で走行していた者が激突し死亡したという事案においては，「道路を常時巡視して応急の事態に対処しうる監視体制」をとっていれば，通行止めにするなどの対応策をとることができたとして，道路管理者たる県の責任を肯定した（最判昭和50・7・25民集29巻6号1136頁）。

(c)　やや特殊な場面における営造物責任

河川管理の瑕疵

自然公物である河川に関して，かつての判例は，道路と同様に比較的緩やかに「瑕疵」を認定し，国または公共団体の責任を肯定していたが，最判昭和59・1・26民集38巻2号53頁（大東水害訴訟）を契機に河川管理の瑕疵を厳格に審査するようになった。これは，以下のような河川の有する特殊性によるものである。すなわち，河川は，①もともと自然災害の危険性を内包する自然公物である，②治水事業には相当の期間と莫大な費用がかかる（**財政的制約**），③工事は下流から上流に向けて必要性の高い部分から逐次実施せざるを得ない（**技術的制約**），④開発行為による雨水の流出機構の変化や治水用地の取得難等の問題が伴う（**社会的制約**），⑤一時閉鎖のような簡便な危険回避手段がとれない，などの点で道路と異なる性質を有している。そして，同最判は，改修途上の河川が「通常有すべき安全性」は「**過渡的な安全性**」で足り，具体的には，過去に発生した水害の規模や頻度のほか，流域の地形などの諸般の事情を総合考慮したうえで「**前記諸制約のもとでの同種・同規模の河川の管理の一般水準及び社会通念に照らして是認しうる安全性を備えている**」か否かを基準として瑕疵の有無を判断すべきとした。改修計画が定められかつ改修途上の河川の場合，上記の具体的判断基準を用いて裁判所に審査されるのは当該改修計画の内容であり，これが同基準に照らして合理的といえる場合には，計画通りに順次改修がされている限りで，瑕疵は原則として否定されることとなる。

　この判決を受けて，下級審では河川に係る国または公共団体の責任を否定する判決が多く出されるようになったが，一定の歯止めをかけたのが最判平成2・12・13民集44巻9号1186頁（多摩川水害

訴訟）である。この事案では，工事実施計画に照らして改修不要と
された河川（改修済みの河川と同視される）が問題となったが，河川
管理者たる国以外の第三者（川崎市）が許可を得て設置していた工
作物（取水堰）の損壊が原因となって，当該計画が想定していた水
流量以下の増水であったにもかかわらず破堤が発生した。最高裁は，
上記昭和59年最判が提示した瑕疵の判断基準に関する一般論を引
用したうえで，「工事実施基本計画……に準拠して改修，整備がさ
れ，あるいは右計画に準拠して新規の改修，整備の必要がないもの
とされた河川の改修，整備の段階に対応する安全性とは，同計画に
定める規模の洪水における流水の通常の作用から予測される災害の
発生を防止するに足りる安全性をいうものと解すべき」としつつ，
その後許可工作物等が河川に設置された場合には，それを**所与の条
件**として**当該河川部分全体**について，上記判断基準に基づき安全性
が備わっているか否かを判断すべきとし，国の責任を否定した原判
決を破棄し，原審に差し戻した。つまり，工事実施計画に基づき改
修がされ，または改修不要とされていた場合にも，事後的に事情の
変更（許可工作物の設置）が生じていた場合には，それを前提に，危
険の予見可能性を検討し，それが肯定される場合には，計画を変更
し改修等の対策を講ずべきとした判断といえる。

コラム 3-19　予算不足と責任

　判例は，河川に関しては「財政的制約」があることを正面から肯定
しているが，道路については，対応策をとるだけの予算が不足してい
ることをもって当然に免責されるわけではないとしている（前掲・高
知落石事件判決参照）。もっとも，これもあくまで「具体的個別的に判
断」されるべきものであり，道路の場合でも，事故発生の蓋然性や危

険性の程度，公の営造物の利用者による危険回避の可能性・困難性等に照らして，場合によっては，財政上の困難も責任の有無を判断するに当たっての1つの考慮要素になるとしている（最判平成22・3・2判時2076号44頁参照）。

　また，新しく開発された安全設備を導入していれば結果を回避できたような場合であっても，そのような設備は一定程度普及していなければ採用することは困難であるし，やはり設置に当たり高額な費用がかかることも考えられる。判例は，点字ブロックがまだ全国的に普及していない時代において，これを設置してなかった駅のホームから視力障がい者が線路内に転落し大けがを負ったという事案において，新しい安全設備の普及の程度，事故発生の危険性やその設置の必要性の程度，そして（設置にかかる費用も含めた）設置の困難性の観点から，瑕疵の有無を判断すべきとしている（最判昭和61・3・25民集40巻2号472頁）。点字ブロックの事案を現代に引き直せば，例えばホームドアの導入の有無が対応する事例になるだろう。

供用関連瑕疵　　これまで見てきた道路や河川に関する瑕疵は，営造物に関する広い意味での「利用者」（道路を通行する者，堤防付近に居住する者など）に損害が発生した場面に関するものであるが，営造物責任は，問題となっている営造物を目的に沿って利用ないし運用することにより，全く関係のない「第三者」に損害を生じさせた場合にも認められる。これが，**供用関連瑕疵**と呼ばれる問題である。典型例は，空港に離着陸する航空機や，いわゆる産業道路を通行する自動車によって騒音・振動被害が付近住民に発生する場合である。

　供用関連瑕疵の特徴は，公の営造物そのものが被害を発生させているわけではなく（空港や道路そのものは騒音・振動を発しない），当該営造物が目的に沿って利用されることにより被害が発生している

という点にある。したがって，供用の仕方の当否が問題となるわけ
であるが，そもそも航空機が空港に離着陸することや，道路を自動
車が通行すること自体は非難されるべき事柄ではないし，現代社会
においてはこれらの活動は公益性・公共性の高いものでもある。そ
れゆえ，被害が発生しているからといって，それだけで直ちに瑕疵
ありとし責任を肯定することはできない。そこで判例は，①侵害行
為の態様と侵害の程度，②被侵害利益の性質と内容，③侵害行為の
もつ公共性ないし公益上の必要性の内容と程度等を比較較量するほ
か，④侵害行為の開始とその後の継続の経過および状況，⑤その間
にとられた被害の防止に関する措置の有無およびその内容，効果等
の事情を総合的に考慮して瑕疵の有無を判定すべきといった，総合
考慮基準を提示している（最大判昭和56・12・16民集35巻10号1369
頁〔大阪空港訴訟〕）。

(3)　責任の主体（国家賠償法3条）

> 費用負担者の責任

以上見てきた公権力行使責任および営造物
責任により，被害者に対し損害賠償責任を
負うのは，原則として，前者については加害公務員の選任監督者た
る国または公共団体であり，後者については公の営造物の設置管理
者たる国または公共団体である。もっとも，国家賠償法3条は，こ
れらの選任監督者や設置管理者と，加害公務員の給与や公の営造物
の設置管理費用を負担する者とが異なるときは，当該**費用負担者も
責任を負う**旨規定している。その趣旨は，**被害者救済の実質化**にあ
る。

　例えば，市町村立学校職員給与負担法は，（政令指定都市を除く）
地方公共団体の財政負担を軽減する観点から，市町村立小中学校等

の教職員の給与は都道府県が負担するものとしている（いわゆる県費負担教職員）。この場合，選任監督者は各市町村の教育委員会であるから，例えば学校事故などで損害が生じた被害者は，当該市町村と，費用負担者としての都道府県の双方に対して責任を追及することができる。

　このように，法律において費用負担者が明確に規定されている場合は特に問題はないが，営造物責任との関係では注意すべき問題がある。例えば，地方公共団体が設置しようとしている公の営造物の設置費用の一部につき，国が**補助金**を支給しているような場合に，当該国が「費用負担者」に当たるのかといった問題である。補助金の法的性質は基本的に「贈与」であるから，補助金の支出者は字面通りの「費用負担者」に当らないようにも思われる。もっとも，判例（最判昭和50・11・28民集29巻10号1754頁）は，国家賠償法「3条1項所定の設置費用の負担者には，当該営造物の設置費用につき法律上負担義務を負う者のほか，この者と同等もしくはこれに近い設置費用を負担し，実質的にはこの者と当該営造物による事業を共同して執行していると認められる者であつて，当該営造物の瑕疵による危険を効果的に防止しうる者も含まれる」とし，「費用負担者」の概念を比較的広く捉えている。これも，被害者救済の実質化の観点からの判断といえる。

2　損　失　補　償

損失補償とは

　損失補償とは，**適法**な行政活動によって私人に財産的**損失**（**特別の犠牲**）が生じた場合に，**公平負担**の観点から，それに対する金銭による補填を認める

制度をいう。公共の利益の実現のために，特定の私人が損失を被った場合に，当該損失を当該私人のみに負わせることは酷であり，公平の観点から望ましくない。そこで，そういった損失について社会全体で負担するべく設けられたのが損失補償制度である。このように，これまで見てきた，違法な行政活動によって生じた損害の賠償責任を認める国家賠償制度とは，その基本的な性格を異にしている。

　損失補償の典型例は，土地収用（道路や鉄道の新設・拡幅や公園の設置などの公益的事業のために強制的に私人の土地を収用・使用する制度）によって，所有権などの土地の権利を失った者に対してなされる補償である（収用 71 条以下参照）。

| 経　　緯 | 大日本帝国憲法は，損失補償について特段の規定を設けておらず，その可否について |

は個別の立法政策（立法措置）の問題とされていた。もっとも，国家のインフラ整備のためには私有財産の強制的収用は不可欠であり，国家賠償とは異なり，損失補償は古くから認められてきた（例えば，損失補償規定を設ける旧々土地収用法は，同憲法の公布年と同じ明治 22〔1889〕年に制定されている）。

　そして，戦後制定された日本国憲法は，29 条 1 項で財産権を保障しつつ，同条 3 項において「私有財産は，正当な補償の下に，これを公共のために用ひることができる」と定め，損失補償を憲法上の要請として明文で定めるに至った。

| 損失補償の根拠 | このように，損失補償は憲法上明記されたものの，国家賠償の場合と異なり，これを |

具体化する形で損失補償請求について定めた**一般法ないし通則法は存在していない**。したがって，いかなる場合にどのような損失補償の請求が可能かについては，多くの場合で，なお個別の法律が制度

毎に定めており，その限りでは戦前と大きく状況を異にするわけではない。それでは，個別法に損失補償について何ら規定がない場合，損失を被った私人はその補償の請求をすることが一切できないのだろうか。

　このような問題意識から，学説では，新たに設けられた**憲法 29条 3 項の意義**をめぐり諸説が展開された。かつては，憲法 29 条 3 項は，個別法の規定が欠ける場合にどのような補償をするべきかについての立法指針を示すにすぎないという説（立法指針説）も存在したが，これでは損失補償が憲法上の要請とされた意義が大きく減じられる。そこで，損失補償規定を欠く財産権制限規定を違憲無効とする説（違憲無効説）や，直接憲法 29 条 3 項に基づく補償請求権を発生させるとする説（**請求権発生説**）などが唱えられてきた。判例は，旧河川法の委任を受けた河川附近地制限令に基づく許可を得ずに砂利の採取を行っていた者が起訴された刑事事件において，直接憲法 29 条 3 項に基づいた損失補償請求の余地を認める判断をしており（最判昭和 43・11・27 刑集 22 巻 12 号 1402 頁〔名取川河川附近地制限令事件〕），請求権発生説が現在の判例・通説となっている。

コラム 3-20　直接請求に関する判例の動向

　名取川河川附近地制限令事件は，従前は適法に砂利の採取ができていたにもかかわらず，当該採取地が河川附近地に指定されたため，以後採取の許可を得る必要が生じ，その申請をしたが却下された被告人が無許可で砂利採取を継続したため公訴提起された事件である。そして被告人は，同令による財産権の制約に損失補償規定が設けられていないことの違憲無効を，無罪の理由として主張していた。このように，同事件は憲法 29 条 3 項に基づく直接請求の可否が争われた事案では

ないので，注意してほしい。

　同判決の後，直接請求の可否そのものが問題となった事件も存在している が（例えば，最判平成 17・11・1 判時 1928 号 25 頁，最判平成 22・2・23 判時 2076 号 40 頁など），これまで自判という形で直接請求を容容した最高裁判決は存在していない。したがって，すぐ下で述べる「補償の要否」に関する判例の一般的な姿勢は，かなり厳格であると評価できるだろう（もっとも，水源保全条例によりこれまで適法に行えていた岩石採取業ができなくなった事案に関し，損失補償請求を認容した原審判決に対する〔附帯〕上告を棄却する形で，原審の判断を維持した最高裁判決として最判令和 4・1・25 判例自治 485 号 49 頁が出されており，注目される）。

| 補償の要否 |

直接憲法 29 条 3 項に基づいて損失補償請求が可能であるとして，次に問題となるのは，いかなる場合に当該請求が認められるのかという**補償の要否**に係る判断基準である。損失補償はあくまでも公平負担の観点から認められるものであり，適法な行政活動によって私人に損失が生じた場合に常に補償が認められるわけではない。そこで，判例・通説は，私人に「**特別の犠牲**」が生じた場合に補償の請求が認められるとしている。この言葉だけではなおその意味内容は抽象的であるが，学説では，以下のような要素を**総合的に考慮**して判断すべきとするのが一般的である。すなわち，①制限の及ぶ範囲（一般的か個別的か），②制限の程度の強弱，③規制目的（消極目的か積極目的か），④制限の態様（従前の利用状況の固定か新たな制限か），といった要素である（芝池・救済法など）。以下，それぞれについて概観していこう。

| 制限の及ぶ範囲（①） |

財産権の制限が，広く一般人を対象とする一般的なものか，あるいは特定人を対象と

する個別的なものかという基準は，かつて伝統的学説が形式的基準として重視してきたものである。もっとも，一般的な制限か個別的な制限かは，程度の問題であり明確な線引きが難しい。また，仮に一般的な制限であったとしても，②の制限の程度が極めて強い場合には，補償を要すると解すべきであり，①の要素は補償の要否に係る1つの考慮要素ではあるが，近時はあまり重視されていない。

制限の程度の強弱
（②）

土地収用のケースが損失補償の典型例とされるように，財産権の喪失に至るような場合は原則として補償が必要とされるが，他方で，公共の福祉の観点から財産権の利用について一定の制限（例えば許可制度による利用制限など）が設けられるにすぎないような場合は，一般的には制限の程度は強くなく，常に補償を要するとは考えられない。もっとも，そのような制限がほとんどの場合で解除されないような場合は，実質的には財産権の内実は喪失しているともいえ，制度毎にその目的や趣旨との関係で制限の程度を具体的に検討することが重要である。

　判例では，将来設置が予定される都市計画道路の区域内に土地を所有していた者が，都市計画決定後60年以上，当該道路事業を放置された結果，都市計画法上の建築制限（将来の工事の支障とならないよう，同法は，予定される都市計画施設の区域内の土地について，地階のない木造2階建て以下であること等の建築制限をかけている）を受け続けたとして，直接憲法29条3項に基づき損失補償の請求をした事案において，「一般に受忍すべきものとされる制限の範囲を超えて」おらず，「特別の犠牲」は生じていないとしたものがある（コラム3-20で触れた前掲・最判平成17・11・1）。⇒261頁もっとも，同判決には藤田宙靖裁判官による補足意見が付されており，そこでは「受忍限度

を考えるに当たっては，制限の内容と同時に，制限の及ぶ期間が問題とされなければならないと考えられるのであって，……これが60年をも超える長きにわたって課せられている場合に，この期間をおよそ考慮することなく，単に建築制限の程度が上記のようなものであるということから損失補償の必要は無いとする考え方には，大いに疑問がある」との指摘もされている。当該事件の当事者は，問題となった土地でマンションや病院の建設も検討していたが，そのような建物は上記建築制限により当然建てられず，それが60年に及ぶとなると，人生のうちで当該土地を望み通りに利用することはほとんどできなかったといえる。このような場合になお「特別の犠牲」なしといえるかは疑問であり，少なくとも限界事例だったと思われる。

規制目的（③）

財産権を規制する目的が，例えば公共事業のような積極目的にあるのではなく，公共の秩序の維持や危険・災害の発生の防止といった消極目的（警察目的）にある場合，それによって受ける制限は，一般的に受忍義務があるとされる傾向にある。この点に関して有名な判決が2つあるので紹介しよう。

　1つ目は，ため池の堤とうにおいて農作物を植えること等を禁止する条例が定められたにもかかわらず，従前より堤とうにおいて農業に従事してきた者が，耕作を続けたため当該条例違反を理由に起訴されたという刑事事件に関するものである。ため池の堤とうに農作物を植えると，その根の作用などにより堤とうの強度が落ちるとされており，仮にそれが原因となってため池が決壊した場合には周辺に重大な被害を及ぼすこととなる。本件条例は，そのような災害の発生防止を目的とするために制定されたものであった。そして判

例は，「ため池の堤とうを使用する財産上の権利の行使を著しく制限するものではあるが，結局それは，災害を防止し公共の福祉を保持する上に社会生活上已むを得ないものであり，そのような制約は，ため池の堤とうを使用し得る財産権を有する者が当然受忍しなければならない責務というべきものであって，憲法 29 条 3 項の損失補償はこれを必要としない」とした（最大判昭和 38・6・26 刑集 17 巻 5号 521 頁〔奈良県ため池条例事件〕）。

　2 つ目は，地下に埋設していたガソリンタンクの移設費用の補償の是非が問題となった事件に関するものである。消防法（およびその委任を受けた政令）によれば，ガソリンタンクは地下道から水平距離で 10 メートル以内の区域には設置できないこととされていたところ，この事件では，従前からガソリンスタンドを経営していた者が，後にできた地下道によって当該規制に違反する事態に至ってしまったため，やむなくガソリンタンクを移設することとなり，その移設にかかった費用約 900 万円の補償の要否が争われた。一見すると，特別の犠牲を払ったと見えなくもない当該事案においても，判例は，「警察法規が一定の危険物の保管場所等につき保安物件との間に一定の離隔距離を保持すべきことなどを内容とする技術上の基準を定めている場合において，道路工事の施行の結果，警察違反の状態を生じ，危険物保有者が右技術上の基準に適合するように工作物の移転等を余儀なくされ，これによつて損失を被つたとしても，それは道路工事の施行によつて警察規制に基づく損失がたまたま現実化するに至つたものにすぎず，このような損失は，……補償の対象には属しない」として補償は不要とした（最判昭和 58・2・18 民集 37 巻 1 号 59 頁〔ガソリンタンク移設事件〕）。

　このように，判例は，警察目的による財産権制限の場合，補償は

不要との判断をする傾向にある。もっとも，目的の如何を基準とする点に関しては，積極目的規制か消極（警察）目的規制かは一義的に明確に定まるものではなく，例えば景観規制などの場合，時代や各人の価値観によってその規制目的の性格は異なり得るといった指摘もされており（宇賀・概説Ⅱ），**指標として相対性がある**という点は注意を要する。また，目的を指標とすることができる場合でも，当該要素もあくまで **1 つの考慮要素**にすぎないのであり，警察目的規制であるからといって一律に補償が否定されるわけでもない（現に，直接憲法 29 条 3 項に基づいた補償請求の余地を認めた名取川河川附近地制限令事件も警察目的規制に係る事案であった）。他の考慮要素との比較の視点は，なお重要である。

> **制限の態様（④）**

財産権の制限の態様が，当該財産の置かれた状況等から，従前の利用状況を固定するにすぎない場合には，当該財産にそもそも内在する制約であるとして補償が不要とされる場合がある。裁判例には，国立公園の特別地域（風致の維持が強く求められる地域）に別荘を新築するために新築許可申請を行ったが不許可とされたため，自然公園法に基づく補償を請求した事案において，「本件不許可処分による制限が特別の犠牲に当たるか否かは，本件土地を含む周辺一帯の地域の風致・景観がどの程度保護すべきものであるか，また，本件建物が建築された場合に風致・景観にどのような影響を与えるか，さらに，本件不許可処分により本件土地を従前の用途に従って利用し，あるいは従前の状況から客観的に予想され得る用途に従って利用することが不可能ないし著しく困難となるか否か等の事情を総合勘案して判断すべき」とし，当該土地がこれまで別荘地として利用されておらず，かつその利用が全く予想されていなかった点に着目して補償を否定し

たものがある（東京地判平成 2・9・18 行集 41 巻 9 号 1471 頁〔富士箱根
伊豆国立公園内別荘新築不許可事件〕）。

　以上に対し，現在の財産使用について新たに制限を課すものであ
る場合には，補償の必要性は大きくなる。判例は，上記奈良県ため
池条例事件において補償を否定したが，当事者は長年にわたり堤と
うにおいて耕作を行ってきた者であり，その耕作権の剥奪に対して
は補償を認める余地があると指摘する見解もある。

　　　　補償の内容　　　　　補償の要否の問題をクリアしたとして，次
　　　　　　　　　　　　　に問題となるのは，「正当な補償」（憲 29
条 3 項）の内容である。この点に関して，**相当補償説**（時の社会通念
に照らし客観的に公正妥当な算定基礎に基づいて算出された合理的な金額
で足りるとする説）と**完全補償説**（当該財産の客観的価値の全部が補償さ
れるべきとする説）という 2 つの考え方が存在しており，現在の学説
における通説は完全補償説である。

　判例について見てみると，旧自作農創設特別措置法（旧自創法）
に基づく農地買収価格が問題となった事件において，「憲法 29 条 3
項にいうところの財産権を公共の用に供する場合の正当な補償とは，
その当時の経済状態において成立することを考えられる価格に基き，
合理的に算出された相当な額をいう」として，相当補償説の立場を
とるものがある（最大判昭和 28・12・23 民集 7 巻 13 号 1523 頁）。もっ
とも，旧自創法に基づく農地改革は，いわゆる不在地主（自己の居
住地以外に農地を有している者）から国が廉価で農地を強制的に買収
し，これを小作人に売り渡すというものであり，戦後間もない時期
に全国一律に実施された極めて特殊な制度であった。したがって，
同最大判は，このような極めて例外的な場面に関する判示であると
して，その射程を限定的に解するのが一般的である。

　他方で，土地収用法に基づく収用補償額が問題となった最判昭和48・10・18民集27巻9号1210頁は，「土地収用法における損失の補償は，特定の公益上必要な事業のために土地が収用される場合，その収用によつて当該土地の所有者等が被る特別な犠牲の回復をはかることを目的とするものであるから，**完全な補償**，すなわち，収用の前後を通じて被収用者の財産価値を等しくならしめるような補償をなすべき」として，完全補償説の立場をとっている。

コラム3-21　判例の整合的な理解

　上記の昭和28年最大判については，その射程を限定的に解する見解が一般的であると述べたが，この大法廷判決については判例変更はなされておらず，完全補償説をとったとされる昭和48年最判よりも後に出された最判平成14・6・11民集56巻5号958頁（関西電力変電所事件）において明確に引用もされている。このように判例は一見すると一貫性がないように思われるが，相当補償説を完全補償説と対立する説と捉えず，「原則的には完全補償を求めるが，例外的に相当の補償で足りる場合がある」とする説と捉えれば，一連の判例を整合的に理解することも可能である。そして，相当補償説は「時の社会通念」を内包する考えであるから，それぞれの制度が掲げる補償の目的との関係で，どういった補償が「正当な補償」として社会通念上求められているのか，という観点から各判例を検討してみよう。

　昭和28年最大判の事案は，上記のとおり戦後間もない時期に実施された旧自創法に基づく農地改革に関するものであった。ここでは，買収対象となった不在地主らの農地（小作地）に対する社会的評価は，制度上敢えて低く設定すべきことがもともと求められており，不在地主に完全な補償を与えることは補償の目的とされていない。他方で，昭和48年最判の事案は，都市計画によってたまたま自己の土地が道路用地として収用されることとなった者が，都市計画制限（建築制限）により市場価格よりも低い評価を受けたままで補償額が決定され

たことを不服として，その増額を求めた事案であった。この場合，たまたま都市計画制限を受けることとなった当事者に何ら非はないのであり，相当補償説に立ったとしても，公平性の観点から原則通り完全補償がなされるべきということになるだろう。

これに対し，平成14年最判の事案は，同じく土地収用が問題となった事案ではあるが，具体的な争点は，当時新たに導入された価格固定制（収用71条。物価上昇率の反映を除き，補償額の算定の基礎を事業認定時の価格に固定する制度）の合憲性であった。土地収用手続は，事業認定（当該事業が土地の適正かつ合理的な利用に寄与すること等の認定処分）→収用裁決と続くが，当時は地価の上昇率が物価上昇率を大きく上回っており，仮に収用裁決時の価格を算定の基礎とする場合，事業認定後，任意買収交渉に応じず，収用裁決まで引っ張ればその分補償額が上がる状況にあった。このような，いわばゴネ得を許容する状況を是正するために導入されたのが価格固定制であり，この部分に焦点を絞れば，補償の目的は「ゴネ得の防止」にあるのであり，社会通念に照らし相当な金額で足りるとの考えが適合的といえ，同判決が昭和28年最大判を引用したことは，昭和48年最判と矛盾するわけではない（現に平成14年最判は，「これにより，被収用者は，収用の前後を通じて被収用者の有する財産価値を等しくさせるような補償を受けられる」という昭和48年最判と同様の言い回しも用いている）。

以上のように解すると，判例は特段一貫性を欠いているわけではなく，これらを整合的に理解することも可能であろう。

| 補償の類型 |

補償の内容としては完全補償が原則であるとして，財産権補償の類型にはどういったものがあるのだろうか。

まず，制限を受ける財産権そのものが被る損失に対する補償（**権利補償**）は当然認められる補償類型である。例えば，損失補償のモデル規定ともいえる土地収用法の規定を見てみると，同法71条は，

269

土地所有権等の権利そのものについての補償を定めている。他方で，土地収用の場合，それによって発生する損失は権利そのものの喪失のみではない。例えば，一団の土地の一部を収用されたことにより，残地の価格が大きく減じられる場合もあり，そのような損失に対する補償（いわゆる残地補償）も予定されているし（収用 74 条），残地に新たに通路やみぞ，垣根，柵などを設ける必要が生じた場合に，それに要する費用の補償（いわゆる，みぞかき補償）も予定されている（同法 75 条）。このように，損失補償においては，権利そのものの制限に**付随的に発生する損失**に対する補償も請求可能である。なお，土地収用法は，以上のようにカタログとして挙げられているものの他，付随的損失に関し「通常受ける損失の補償（通損補償）」として包括規定を置いている（同法 88 条）。

その他の補償

以上に対し，財産権以外の権利利益が問題となる場合に，損失補償が認められるかについては争いがある。まず，生活再建措置などの**生活権補償**については，水源地域対策特別措置法 8 条などが一定の規定を設けているが，これを憲法 29 条 3 項の「正当な補償」に含める判例は存在しておらず，行政実務においても行政の努力目標を定めたものにすぎないとの理解が一般的である。また，例えば土地収用においても，先祖伝来の土地を失う場合や，長年住み慣れた土地から転居を余儀なくされる場合には，それによって**精神的損失**を被る場合もある。このような精神的損失についても，「正当な補償」として認めた判例は存在していない。

　その他，**文化財的価値**につき，いわゆる通損補償規定に基づく補償の可否が争われた事案において，判例は「土地収用法 88 条にいう『通常受ける損失』とは，客観的社会的にみて収用に基づき被収

用者が当然に受けるであろうと考えられる経済的・財産的な損失を
いうと解するのが相当であつて，経済的価値でない特殊な価値につ
いてまで補償の対象とする趣旨ではないというべきである」としてい
いる（最判昭和 63・1・21 訟月 34 巻 8 号 1683 頁〔福原輪中堤事件〕）。

3 国家補償の谷間

> 問題の所在

本章の最後に，「国家補償の谷間」と呼ば
れる問題について触れておこう。これまで
見てきたように，国家賠償は原則として**違法**かつ**有過失**の行政活動
によって私人に損害が生じた場合の国または公共団体の賠償責任に
関する制度であり，損失補償は**適法**な行政活動によって私人に**財産
上の損失**が生じた場合の金銭的補塡に関する制度であった。したが
って，両者は制度的性格を異にしており，基本的には重複して適用
が問題となる場面は生じないはずである。もっとも，両制度に違い
があるからこそ，いずれの制度でも救済されない**間隙**が生じること
がある。

　すなわち，①国家賠償制度は上記のとおり過失責任主義をとるた
め（なお，営造物責任の建前は無過失責任であるが，実質的に過失の要素
が「瑕疵」概念に内包されている点については既に指摘したとおりである），
違法であるが過失（ないし「瑕疵」）が認められない場合，損害が発
生していたとしても国家賠償請求は認められない。そして，違法な
行政活動に関しては損失補償の対象外であるから，補償請求も認め
られない。また，②損失補償制度は，上記のとおり財産上の損失を
対象としているため，それ以外の権利利益（例えば生命・身体など）
に係る損失が発生した場合に補償が困難となる。そして，適法な行

政活動を前提とする損失補償が問題となる場面において，違法性を要件とする国家賠償請求は認められない。

　このように，両制度の間隙に落とされ，いずれの制度によっても十分に救済ができないにもかかわらず，行政活動に起因する重大な損害ないし損失が個人に発生している場合に，いずれかの制度を適用することによって何とか救済を図ることができないか議論がされてきた。これが，**国家補償の谷間**と呼ばれる問題である。実際の事案においては，**予防接種禍**をめぐりこの点が論じられてきたので，以下紹介する。

予防接種禍

かつて我が国においては，感染症による患者・死者が多数発生したことから，感染症の流行がもたらす社会的損失の防止が急務となり，痘そうや腸チフス等の疾病を対象に罰則付きの強制接種制度が採用されていた（昭和 23〜51 年）。これにより，感染者の数は減少したが，今度は逆に予防接種の副反応により，稀ではあるものの最悪の場合死に至るような健康被害が発生し，この点が大きな社会問題となった。もっとも，強制接種制度は，国が立案し制度を構築したものであり，それに基づく予防接種は，当然に違法な行政活動となるものではない。そこで，まずは下級審判決において損失補償を認めるべきとの考えが示された。

i　損失補償構成

　東京地判昭和 59・5・18 判時 1118 号 28 頁は，「憲法 13 条後段，25 条 1 項の規定の趣旨に照らせば，財産上特別の犠牲が課せられた場合と生命，身体に対し特別の犠牲が課せられた場合とで，後者の方を不利に扱うことが許されるとする合理的理由は全くな」いとして，予防接種禍により特別の犠牲を課せられた者は，憲法 29 条

3項を**類推適用**することで国に対して正当な補償の請求が可能と判断した。また，大阪地判昭和 62・9・30 判時 1255 号 45 頁は，憲法が財産権よりも生命・身体を格段に厚く保障していることから，憲法 29 条 3 項の「**勿論解釈**」として，同項は生命・身体に特別の犠牲が課せられた場合の補償についても規定しているものと解し，損失補償請求を認めている。

ii 国家賠償構成

以上のような下級審判決の流れに対し，痘そうの予防接種により重い後遺障害が生じた事案に係る最判平成 3・4・19 民集 45 巻 4 号 367 頁は，予防接種に際し予診を行う医師の**注意義務の程度を上げる**ことによって，国家賠償による救済を認める構成を採用した。すなわち，予防接種によって重篤な後遺障害が発生する原因としては，被接種者が予防接種によって後遺障害を発生しやすい特殊な個人的素因を有している場合よりも，禁忌者（前回の接種から間があいていない，摂取によりかつてアレルギー反応を起こしたことがある，妊婦である，急性疾患にかかっているなどの一般的禁忌事項に該当する者）に該当していた可能性の方がはるかに高いことに着目し，後遺障害が発生した場合には，「特段の事情が認められない限り，被接種者は禁忌者に該当していたと推定するのが相当である」とした。このような推定がなされることにより，実際に重篤な後遺障害が生じた場合，多くのケースで予診が不十分であったとして過失が認定されることとなる。

損失補償構成をとると，公共の利益のために人の生命・身体を犠牲にすることを認めることになりかねず，そのような考えを憲法が許容していると解することは困難である。したがって，最高裁が国家賠償構成をとったことにはそれなりに理由があると思われるし，

その内容も，実質的には結果責任を認めるものといえ，被害者の救済にとっても大きく門戸を開くものといえる。もっとも，国家賠償構成では，重大な被害が発生しているにもかかわらず，なお過失が認定できない場合が存在することも否定できない（この点，医師の注意義務違反という意味での「過失」ではなく，予防接種の実施体制の構築に係る厚生大臣〔当時〕の施策上の「過失」を問題とし，いわゆる「組織過失」〔→本章1(1)(b)〕を認定した東京高判平成4・12・18判時1445号3頁も参照。ただ，このような考え方に立ったとしても，なお「過失」が否定される可能性が完全に排除されるわけではない）。立法的な措置も含め，理論的な課題は残っている状態といえよう。

コラム 3-22　　予防接種禍と立法による救済

昭和51（1976）年の予防接種法の改正により，予防接種を受けた者が，疾病にかかり，障害の状態となり，または死亡した場合において，当該疾病等が予防接種に起因すると厚生労働大臣が認定した場合は，一定の給付がなされるという予防接種健康被害救済制度が設けられた（接種15条以下参照）。新型コロナウイルスワクチンの予防接種も，同法に基づく「臨時接種」（同法6条）という形で実施されており，当該救済制度の対象とされている。もっとも，このような立法措置によっても十分な救済が得られない場合も考えられ，そのような場合には，なお国または公共団体に対する損害賠償請求が問題となる。

文 献 紹 介

　本書の読者がさらなる行政法の学習を進めるために，各4点に絞って書物を紹介しておく。

1冊で行政法を見渡す教科書

櫻井敬子 = 橋本博之『行政法〔第6版〕』(弘文堂，2019年)

宇賀克也『行政法〔第3版〕』(有斐閣，2023年)

中原茂樹『基本行政法〔第3版〕』(日本評論社，2018年)

板垣勝彦『公務員をめざす人に贈る　行政法教科書〔第2版〕』(法律文化社，2023年)

複数冊にわたる体系書

塩野宏『行政法Ⅰ〔第6版〕・Ⅱ〔第6版〕・Ⅲ〔第5版〕』(有斐閣，2015年・2019年・2021年)

宇賀克也『行政法概説Ⅰ〔第8版〕・Ⅱ〔第7版〕・Ⅲ〔第5版〕』(有斐閣，2023年・2021年・2019年)

大橋洋一『行政法Ⅰ〔第5版〕・Ⅱ〔第4版〕』(有斐閣，2023年・2021年)

藤田宙靖『新版　行政法総論 上巻・下巻』(青林書院，2020年)

判例集

斎藤誠 = 山本隆司編『行政判例百選Ⅰ・Ⅱ〔第8版〕』(有斐閣，2022年)

大橋真由美ほか『行政法判例50！〔第2版〕』(有斐閣，2024年刊行予定)

大橋洋一ほか編『行政法判例集Ⅰ・Ⅱ〔第2版〕』(有斐閣，2019年・2018年)

野呂充ほか編『ケースブック行政法〔第7版〕』(弘文堂，2022年)

事 項 索 引

278

ら　行

判 例 索 引

※ 「百選」は，『行政法判例百選Ⅰ・Ⅱ〔第 8 版〕』（有斐閣，2022），〔　　〕内は大橋ほか『行政法判例 50 !〔第 2 版〕』（有斐閣，2024 刊行予定）の事件番号を表します。

■付録　抗告訴訟の類型と本書共通タイプ図との対応関係

差止訴訟

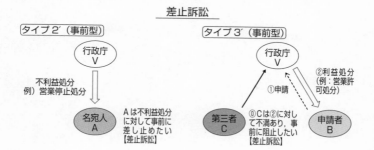

タイプ2′（事前型）

行政庁
V

不利益処分
例）営業停止処分

名宛人
A

Aは不利益処分に対して事前に差し止めたい【差止訴訟】

タイプ3′（事前型）

行政庁
V

②利益処分
（例：営業許可処分）

①申請

第三者
C

申請者
B

⓪Cは②に対して不満あり，事前に阻止したい【差止訴訟】

取消訴訟

タイプ2

行政庁
V

不利益処分
例）営業停止処分

名宛人
A

Aは不利益処分に対して不満あり【取消訴訟】

タイプ3

行政庁
V

②利益処分
（例：営業許可処分）

①申請

第三者
C

申請者
B

③Cは②に対して不満あり【取消訴訟】

義務付け訴訟

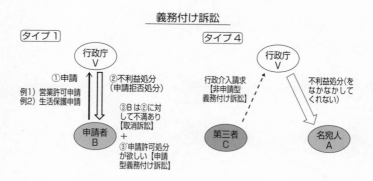

タイプ1

行政庁
V

①申請

②不利益処分
（申請拒否処分）

例1）営業許可申請
例2）生活保護申請

申請者
B

③Bは②に対して不満あり【取消訴訟】
＋
③′申請許可処分が欲しい【申請型義務付け訴訟】

タイプ4

行政庁
V

行政介入請求
【非申請型義務付け訴訟】

不利益処分（をなかなかしてくれない）

第三者
C

名宛人
A

入門行政法
An Introduction to Administrative Law

2023 年 12 月 10 日 初版第 1 刷発行

著　者　正木宏長 = 板垣勝彦 = 横田明美 = 海道俊明
発行者　江草貞治
発行所　株式会社有斐閣
　　　　〒101-0051 東京都千代田区神田神保町 2-17
　　　　https://www.yuhikaku.co.jp/
装　丁　堀由佳里
印　刷　株式会社精興社
製　本　牧製本印刷株式会社
装丁印刷　株式会社亨有堂印刷所

落丁・乱丁本はお取替えいたします。定価はカバーに表示してあります。
©2023, H. Masaki, K. Itagaki, A. Yokota, T. Kaido
Printed in Japan ISBN 978-4-641-22856-6

本書のコピー、スキャン、デジタル化等の無断複製は著作権法上での例外を除き禁じられています。本書を代行業者等の第三者に依頼してスキャンやデジタル化することは、たとえ個人や家庭内の利用でも著作権法違反です。

JCOPY 本書の無断複写(コピー)は、著作権法上での例外を除き、禁じられています。複写される場合は、そのつど事前に、(一社)出版者著作権管理機構(電話 03-5244-5088, FAX 03-5244-5089, e-mail:info@jcopy.or.jp)の許諾を得てください。